光明社科文库
GUANGMING DAILY PRESS:
A SOCIAL SCIENCE SERIES

·政治与哲学书系·

"合村并居"动力机制研究
——以乡村振兴战略为视角

韩秀兰 | 著

光明日报出版社

图书在版编目（CIP）数据

"合村并居"动力机制研究：以乡村振兴战略为视角 / 韩秀兰著. --北京：光明日报出版社，2023.12
ISBN 978-7-5194-7704-2

Ⅰ.①合… Ⅱ.①韩… Ⅲ.①农村—社会主义建设—研究—中国 Ⅳ.①F320.3

中国国家版本馆 CIP 数据核字（2023）第 250268 号

"合村并居"动力机制研究：以乡村振兴战略为视角
"HECUN BINGJU" DONGLI JIZHI YANJIU：YI XIANGCUN ZHENXING ZHANLÜE WEI SHIJIAO

著　　者：韩秀兰	
责任编辑：杨　茹	责任校对：杨　娜　李佳莹
封面设计：中联华文	责任印制：曹　净

出版发行：光明日报出版社
地　　址：北京市西城区永安路 106 号，100050
电　　话：010-63169890（咨询），010-63131930（邮购）
传　　真：010-63131930
网　　址：http://book.gmw.cn
E – mail：gmrbcbs@gmw.cn
法律顾问：北京市兰台律师事务所龚柳方律师
印　　刷：三河市华东印刷有限公司
装　　订：三河市华东印刷有限公司
本书如有破损、缺页、装订错误，请与本社联系调换，电话：010-63131930
开　　本：170mm×240mm
字　　数：201 千字　　　　　　　　印　张：14
版　　次：2024 年 4 月第 1 版　　　　印　次：2024 年 4 月第 1 次印刷
书　　号：ISBN 978-7-5194-7704-2
定　　价：89.00 元

版权所有　　翻印必究

序

随着中国城乡社会转型发展，国家经济社会结构发生深刻变革，相对封闭的城乡界线已被打破，城乡人口流动加快，部分地区出现村庄"空心化"、土地浪费严重、公共服务水平低等现象。这既由我国经济社会快速发展而产生，也是乡村社会转型发展面临的重要挑战。面对这一挑战，"合村并居"作为一项改革探索在多地进行试点推进，该探索立足城乡发展现实，对乡村发展空间进行优化，但"合村并居"已不是简单意义上的乡村聚落形态或行政管理集中化，而是乡村社会结构、组织形式以及居民生产生活方式的一系列变革，深刻影响着乡村社会发展与稳定。从实践层面来看，该探索在推行过程中呈现出诸多偏差现象，乃至脱离了乡村社会发展与农民生产生活实际。由于城乡建设用地增减挂钩政策的推动，"合村并居"一定程度上忽视了农民主体性，在部分地区存在侵犯农民利益、冲击耕地红线、形式主义严重等问题，这也导致"合村并居"政策执行逐渐异化，学界和民间质疑声音颇多。"如何把好事办好"，需要认真审视"合村并居"出发点，从农民、农村、农业发展角度理解并推动"合村并居"。"三农"工作为党中央高度重视，从新农村建设到乡村振兴战略，无不高度重视农村社会改革发展，着力使农业农村现代化跟上国家现代化步伐。乡村振兴战略提出"产业兴旺、生态宜居、乡风文明、治理有效、生活富裕"的总要求，为"合村并居"指明了价值导向和工作目标。乡村振兴战略牵引下的"合村并居"，涉及中央政府、地方政府、农村集体经济组织、村民等多方利益主体，而只有坚持乡村现代化发展本位，尊重农民主体性、维护好农民切身利益才能矫正"合村并居"偏差行为，加快乡村振兴战略实施。

"合村并居"实施过程中的诸多问题学界多有论述并提出各项有益建议，但对其实践探索的动力机制问题鲜有深入剖析。而这一问题，实质上关切"合村并居"实施的初心与方向，其中根本上涉及利益机制、利益平衡问题，也是这项政策能否赢得民心、取得实效的根本所在。本书作者奉献给我们的这一部新著，正是关注到这一核心问题。动力机制是聚焦于系统协调运转的构造以及构造间的相互作用关系，本书关注的"合村并居"动力机制强调使"合村并居"发生和持续发展的推动力量以及协调、维持和改善这种力量的各种动力因素。作者的这部专著以山东省济宁市邵庄寺社区、万紫园社区为研究对象，从乡村振兴战略实施背景出发，构建起潜在收益、综合驱动力、博弈三维分析框架。理论逻辑方面，潜在收益指向"合村并居"的外部环境，内生与外生动力系统的聚合是推进"合村并居"的重要条件，利益相关者在这个外部环境中、重要条件下做出相应决策，推动"合村并居"实施。这一分析框架全面分析了动力因素、前提条件、过程和结果，对"合村并居"动力机制做了详尽而周全的剖析与阐释。在研究方法上，作者将规范分析与实证分析相结合，运用系统动力学方法、跨学科综合研究法、比较分析研究法进行综合分析，而在理论方面作者综合系统科学、管理学、经济学等方面的理论进行深入讨论，使我们对"合村并居"这一当代乡村社会转型发展的重要探索有一个全景式观察，对利益相关者行为有一个全面认识，使得我们能够从真实的案例研究中透视当下"合村并居"背后复杂的影响因素和利益博弈。本书中邵庄寺社区和万紫园社区建设的潜在收益为获取土地增值收益，两个社区分别获得数千万元的土地增值收益，但农民权益面临意愿得不到充分尊重、补偿标准低、生活缺少保障、转型难度大的困境，农民从传统农业向现代农业转型存在难度。在综合驱动力方面，邵庄寺社区的政府主导模式综合驱动力较小；万紫园社区的市场主导模式综合驱动力较强，其农村自我发展能力较强、外生动力源较为强劲，有利于"合村并居"推行。在博弈方面，相对于政府主导模式，市场主导模式中农民更具有议价谈判能力，这一主导模式有利于经济社会发展、社会稳定和谐。而主导模式的选择受经济社会条件、地方政府策略、农民集体策略和农民合作程度等因素影响。在已有分析基础上，本书从激活"合村并居"动力机制方面给出了"合村并居"的政策建议，潜在收益内部化，激活、提升综合驱动力，实行以市场为主导的推进方式，提升合村老年居民的空间适应性，传承乡土文脉的举措，无不贴合乡村社会发展实际，具有理论指导和借鉴的现实意义。

更可贵的是，在兼顾国家利益和农民利益的立场上，笔者将通过实地调查和访问得到的相关数据，分四步完成设计中宅基地置换房补贴标准、房屋拆合的补偿标准，最终得出宅基地置换补偿合理水平是当地楼房出售价格的百分比。这一测算结果的借鉴意义在于，其他地区在确定"合村并居"居民宅基地置换补偿合理水平时，也应以当地楼房售价的百分比为宜，无须再重复以上复杂的调查和测算，为以后的合村居民和地方政府提供了一个较为合理的标准和借鉴，具有一定的推广价值。

乡村振兴战略是解决"三农"问题、实现农业农村现代化的重大战略选择。科学合理的"合村并居"能够促进基础设施统一布局，改善农村人居环境，也有利于乡村发展非农产业。但在"合村并居"进程中，应认识到利益分配的重要性，在这一过程中，必然涉及政府、村集体、工商资本、农民等多方投资和利益分配问题。本书作者以科学的态度、严谨的方法、深厚的研究功底，明晰该过程中相关权责与收益主体，厘清相关利益主体博弈过程，提出因地制宜的利益分配标准，最大限度使各方利益分配机制合理化、均衡化和最大化。

《"合村并居"动力机制研究》的价值不仅在于所提出的独到见解，更在于其独特的研究视角和科学合理的研究方法。这些都来源于作者对社会生活的调查能力、感悟能力、洞察能力，深入田野、深入基层、深入一线获取第一手研究资料，并博览群书汇聚多学科理论营养。作者勤勉用功、读书治学，为我们呈现出中国乡村社会发展变迁的动力源泉及运行机制，也展示出作者的研究功力。没有农业农村现代化，就没有国家的现代化。在乡村振兴战略实施的重要阶段，本书使我们深刻认识到推动乡村建设发展要突出农民的主体地位，关切农民的切身利益，这样才能保证乡村振兴有效推进。推进乡村文明进程，为新时代的乡村振兴做出切实贡献。

西北农林科技大学教授、博士生导师　何得桂

2023 年 5 月 18 日

目　录
CONTENTS

引　言 ·· 1

第一章　相关概念界定及一般理论逻辑 ················· 6
第一节　相关概念界定 ······································· 6
第二节　"合村并居"动力机制的一般理论逻辑 ········· 29

第二章　"合村并居"潜在收益分析 ······················ 51
第一节　"合村并居"潜在收益产生的背景 ············· 51
第二节　"合村并居"的潜在收益 ······················· 55

第三章　"合村并居"的综合驱动力分析 ················ 83
第一节　"合村并居"的动力要素及其分类 ············· 83
第二节　"合村并居"的内源动力及其聚合 ············· 85
第三节　"合村并居"外源动力 ·························· 90
第四节　"合村并居"综合驱动力构建及其层次性 ····· 97

第四章　"合村并居"各利益相关者博弈 ··············· 110
第一节　"合村并居"中利益相关者分类 ·············· 110
第二节　各利益相关者的行为目标及方式 ············· 116
第三节　政府推行"合村并居"模式的博弈分析 ······· 123

第五章 实证分析："合村并居"动力机制比较——以山东济宁市为例 ······ 134

- 第一节 案例情况的基本介绍 ······ 134
- 第二节 获取潜在收益：邵庄寺社区和万紫园社区建设动因 ······ 136
- 第三节 推进"合村并居"的不同条件：综合驱动力的不同层次 ······ 142
- 第四节 利益相关者博弈的过程："合村并居"方式选择的机理 ··· 150

第六章 激活"合村并居"动力机制的政策建议 ······ 158

- 第一节 潜在收益内部化 ······ 158
- 第二节 激活、提升综合驱动力 ······ 167
- 第三节 实行以市场为主导的推进方式 ······ 178
- 第四节 提升合村老年居民的空间适应性 ······ 190
- 第五节 传承乡土文脉的举措 ······ 191

参考文献 ······ 196
附　录 ······ 200

引 言

"乡村振兴战略"是继"新农村建设"之后，在新的历史发展阶段提出的一个政策体系。党的十九大报告指出，进入新时代，我国经济已由高速增长阶段转向高质量发展阶段，正处在转变发展方式、优化经济结构、转换增长动力的攻关期。乡村振兴战略是适应和服务于这一发展阶段提出的全新的理论导向和政策导向，是在新的国际关系背景下，在新的产业结构、就业结构、城乡关系和中国社会主要矛盾等新条件下进行的战略性调整。"产业兴旺、生态宜居、乡风文明、治理有效、生活富裕"是党的十九大提出的乡村振兴的总要求。

从政策设置来看，一方面，中央推进农村土地征收、集体经营性建设用地入市、宅基地制度改革试点，另一方面，中央一号文件指出"稳慎推进农村宅基地制度改革试点，探索宅基地所有权、资格权、使用权分置有效实现形式"；一方面，中央一号文件要求"严格规范村庄撤并，不得违背农民意愿、强迫农民上楼，把好事办好、把实事办实"，另一方面，要求"规范开展城乡建设用地增减挂钩，完善审批实施程序、节余指标调剂及收益分配机制"。[①]

缓解城市建设用地紧张是实施乡村振兴战略的重要抓手，早在2004年，我国中央政府出台了我国城乡建设用地增减挂钩的政策，围绕着该政策，"合村并居"风潮在全国各省纷纷掀起。"合村并居"亦称合村并点，有的地方称为合村并镇或合村并城。它是我国一些地区在加快城镇化进程与乡村振兴战略的背景下，将一些人口偏少、位置偏远的小村子甚至"空

---

① 宋棠. 从"新农村建设"到"乡村振兴"[J]. 文化纵横, 2021 (2): 101-108.

心村"进行整合,让几个临近自然村落的居民合住大村子或城镇并居,建立农村社区,整合资源、节约土地、发展经济、改革落后农村结构和管理体制,提升人居环境和公共服务水平的综合改革和探索。

相关统计数据显示,2000年中国大约拥有360万座自然村,而到了2010年该数字已下降到270万。长期关注传统村落保护的学者冯骥才评估,中国每天有80到100个村庄消失。大量村庄已经消失或正在消失,除了自然的城市化进程,"合村并居"也是一个重要原因,这已成为一个不争的客观现实。到目前"合村并居"行动已有近20个年头了,先后试点的省份是东北三省、河南、河北和山东。

然而,"合村并居"风潮中出现了诸多与我国乡村振兴政策相违背的乱象。[①]

其一,"合村并居"操之过急。不同于前些年的试点工作,最近几年为了利用"土地增减挂钩"政策获取城市建设用地,地方政府开始急于推行"合村并居",在此过程中必然会出现各种问题。有些地方政府根本没有理解政策的内涵,急于把"合村并居"当作政绩或"面子工程",没有充分听取农民群众的意见,导致许多农民"被逼上楼",甚至在一些地方新社区还没有建成,农民的房子就被拆掉了,农民只能住在出租房内,生活质量远不如以前。地方政府是政策实施的直接主体,但多数时候只是单纯地执行上级颁布的政策,有时候仅凭对政策的一知半解就仓促推行,甚至出现朝令夕改的情况,这一过程中受伤害最大的是广大农民。

其二,对农民补偿少,加重了农民负担。"合村并居"后农民将搬入新社区居住,农民实际能够得到的补偿非常少,为了能够买下新房,农民需要拿出一大笔积蓄甚至借款,从而加重了农民的生活负担,致使许多本就贫困的农民生活更加困难。这也是农民反对"合村并居"的重要原因之一,由于村集体和乡镇政府都无法承担大面积建设楼房的成本,为了加快政策的实施,只好将压力强加到农民身上。

其三,新社区建设资金短缺。有的地区的"合村并居"建设模式是拆

---

① 李宗超,王军强.合村并居乱象、成因与治理[J].农业展望,2021,17(9):73-78.

除原有的老旧破损房屋，仿照城市社区建设模式进行新社区建设，但由于地方政府资金有限，新社区的建设面临资金短缺问题。新社区的建设没有结合地方政府的财政状况，盲目建楼，增加了政府的财政压力。

其四，农业生产受影响。农业生产特别是粮食安全问题一直是治国理政的头等大事，"合村并居"后仍然有一大部分农民会保留一些土地从事农业生产。农民在迁入新社区后，距离自己的耕地较远，农忙时经常需要奔波于家和耕地之间，同时新社区使农民无法像以前那样种植蔬菜瓜果，一些农具和大型农业机械无处存放，每年农产品收获时节又缺少存储粮食的地方，致使农民收益减少，农业生产成本加大，影响了农民从事农业生产的积极性。"合村并居"本身不是单纯"上楼"这么简单，而是需要保障农民的生产生活，因此只合居而不对传统农业进行改进，必然会导致诸多弊端。

其五，农民生活不习惯。传统的农村社会是典型的熟人社会，农民聚村而居，血缘和地缘联系比较紧密，但在"合村并居"搬入新社区后，传统的乡村生活方式荡然无存，新社区的建设忽略了原有的乡村特色，与农村实际背道而驰。同时，农民在新居内不能再使用柴火灶炉，但天然气、水、电、物业等的费用又增加了农民的生活成本，这也间接影响了其他村落对于"合村并居"的积极性和期待值。在"合村并居"过程中，老年人的适应能力明显不如年轻人，导致老年人对年轻人的依赖度增加，家庭矛盾也比以前更容易产生。许多新社区的配套设施尚不完善，农民在搬入新居后没有完备的社会保障体系作为支撑，失地农民的就业问题也没有得到有效解决，许多农民搬入新居后不适应新生活，有的人因此变得更加贫困。因此，从这个角度来看，"合村并居"必须考虑人民生活是否满意。

其六，打破了传统村落中人们生活的宁静，在一定程度上淡化了长期延续下来的宗族关系与地缘交往方式。更显而易见的情况是，一些地方在简单、仓促的拆与建的过程中，已拆的房屋断垣残壁、杂乱无章、破烂不堪，而新建的房屋又不注重当地民俗特色，其小区也不太注意环境绿化，村民日常生活所必需的配套设施不健全，与"合村并居"改革探索初衷相去甚远。

针对这场席卷全国的"风潮"中出现的乱象，有几个问题值得思考。第一，这场"风潮"刮起的真正动因是什么。第二，这场"风潮"到来的时机是否成熟。第三，面对这场风潮，以何种方式推进才能顺应农民的意愿，使农民真正有幸福感和获得感。

"合村并居"不是简单的"拆旧房、建新居"的物理迁移，它是一项复杂的系统工程，涉及面广、工作量大。综观近年来乡村振兴战略中关于"合村并居"的理论关切与实践努力，本文拟以"合村并居"的主流性问题但没有引起学界重视的动力机制为视角，探讨"合村并居"动力机制的构成因素及其动力源（潜在收益）、综合驱动力以及动机博弈等机理，深入研究上述几个问题的解决路径。同时，本书拟探讨和研究的关键问题如下。

一是从农村民间金融的角度，探讨"合村并居"在居住空间发生物理变迁的情况下，社会关系发生了怎样的变化重组。首先，多村一社区的社会结构能否降低民间借贷的交易费用。其次，扩大的"差序信任"是否有利于民间金融组织规模和范围的拓展。最后，楼房可做抵押及熟人和半熟人社会的人际关系能否增强农村民间借贷契约的履约性。

二是从"合村并居"推进的潜在收益角度探讨，乡镇地方政府违背民意，进行大拆大建的真正动因在于用其获得的土地建设指标换取城市建设用地指标，以解决其财政危机，而合村农民获得土地增值收益的意愿难以达成。

三是从动力系统的视角，本书将构建"合村并居"的内生和外生动力系统，形成综合驱动力，通过对其综合驱动力三种状态的分析，得出"合村并居"能否顺利推行。合村地区自我发展能力是内生动力系统的动力源，而工业化和城市化作为外源驱动力则是外生动力系统的动力源。这两种动力源相互作用形成的综合驱动力，其大小和方向由此两力为边构成的平行四边形的对角线确定。通过对"合村并居"综合驱动力三种状态的深入分析得出：①当其为正数且较大时，即综合驱动力属于高层次时，"合村并居"能够顺利推行。②当其虽为正数但较小时，即综合驱动力属于中层次时，"合村并居"不能顺利推行。如若强行推进，就会导致农民生活方式脱离生产方式，生活成本增加，影响农村经济、社会的稳定。③当其为负数时，即综合驱动力属于低层次时，"合村并居"是不具备条件的，应从内生和外生动力系统同时进行提升，才能实现综合驱动力从低层次向中层次进而向高层次的转换。因此得出，"合村并居"能否推行，既不能简单地肯定也不能一味地否定，不能搞"一刀切"，主要取决于合村地区综合驱动力层次状态。

四是本书将探讨"合村并居"中主要的利益相关者——中央政府、地方政府、农村集体经济组织或农民的行为目标及方式，采用逆推归纳法求证政府用政府主导这一模式推行，政府和农民博弈的子博弈是否属于完美纳什均衡。通过博弈均衡得出，政府主导"合村并居"是不能取得成功的。政府只有实现健康有序的市场，通过市场化流转进行公平交易，才能保护农民土地财产权和收益，使各方的利益达到平衡，从而保证"合村并居"顺利实施。

五是在兼顾国家利益和农民利益的立场上，笔者将通过实地调查和访问得到的相关数据，分四步完成设计宅基地置换房补贴标准与房屋拆合的补偿标准，最终得出宅基地置换补偿合理水平是当地楼房出售价格的百分比。这一测算结果的借鉴意义在于，其他地区在确定"合村并居"居民宅基地置换补偿合理水平时，也应以当地楼房售价的百分比为宜，无须再重复以上复杂的调查和测算，为以后的合村居民和地方政府提供了一个较为合理的标准和借鉴，具有一定的推广价值。

本书运用系统动力学方法、规范分析与实证分析相结合的方法、跨学科综合研究法以及比较分析研究法，并运用系统科学、管理学、经济学等方面的理论深入探讨我国乡村振兴战略下"合村并居"动力机制机理，并提出相关的政策建议。

最后，本书通过对"合村并居"动力机制相关研究进行总结，提出了激活综合驱动力的政策举措，以期望理论界对"合村并居"推进形成"一般认识与认识的一般"的共识，起到抛砖引玉的作用。同时本书还期望对持续了20年的"合村并居"行动"风潮"提供一种理论上的指导和借鉴。当然，该书还存在种种不足和缺憾，不当之处，敬请各位专家和同仁不吝赐教。

第一章

相关概念界定及一般理论逻辑

第一节 相关概念界定

一、乡村振兴战略

（一）乡村振兴战略的提出

2021年中央一号文件的重点是乡村振兴。2021年中央工作会议指出，农业生产保持稳中有进，脱贫攻坚成果得到巩固和拓展，全面推进乡村振兴迈出坚实步伐。2022年是党的二十大召开之年、"十四五"时期的关键之年，稳住农业基本盘的乡村振兴战略是新的历史阶段国家推动现代化战略的重要组成部分。中华人民共和国成立以后，从土地改革到合作化，再到实施联产承包责任制等都是国家在推动现代化的语境下发展乡村的具体举措。进入新世纪以后，随着工业化和城市化的不断推进，中国的现代化进程发展到了一个新的历史阶段，乡村振兴是这一历史阶段的重要内容。如何在中国现代化的语境下认识乡村振兴，如何在中国现代化道路模式下探索乡村振兴的实践路径，对于当下乡村振兴战略的实施和推进具有重要意义。"产业兴旺、生态宜居、乡风文明、治理有效、生活富裕"是党的十九大提出的乡村振兴的总要求。实施乡村振兴战略的目标和任务明确为：到2020年，乡村振兴取得重要进展，制度框架和政策体系基本形成；到2035年，乡村振兴取得决定性进展，农业农村现代化基本实现；到2050年，乡村全面振兴，农业强、农村美、农民富全面实现。

做好"三农"工作具有特殊重要意义。2023年中央一号文件提出全面推进乡村振兴。要全面推进产业、人才、文化、生态、组织"五个振兴"，统筹部署、协同推进，抓住重点、补齐短板。产业振兴是乡村振兴的重中之重，要落实产业帮扶政策，做好"土特产"文章，依托农业农村特色资源，向开发农业多种功能、挖掘乡村多元价值要效益，向第一产业、第二产业、第三产业融合发展要效益，强龙头、补链条、兴业态、树品牌，推动乡村产业全链条升级，增强市场竞争力和可持续发展能力。

（二）乡村振兴战略与新农村建设战略的关系

"乡村振兴"是继中央"建设社会主义新农村"提法、"新农村建设"提法之后的专门的政策术语。我们应该从"新"的本质的规定性出发，从"农业农村现代化""城乡融合发展体制机制"等新的要求出发去理解这一政策概念，否则就容易出现"名相如，实不相如"的情况。

"新农村建设"和"乡村振兴战略"是在两个历史发展阶段，着眼于不同的城乡关系结构，针对差异很大的经济社会发展核心问题而提出的两个政策体系。随着中国经济社会的不断发展，"乡村振兴战略"所依据的社会条件与"新农村建设"阶段相比，已经出现了巨大的变化。如果仅将新农村建设的"生产发展、生活宽裕、乡风文明、村容整洁、管理民主"五句话总要求，与乡村振兴战略的"产业兴旺、生态宜居、乡风文明、治理有效、生活富裕"总要求做表面化的比对，认为两者之间的区别只是表述方式上的改变，继续以新农村建设阶段的思维和政策惯性理解今天的政策体系和形势任务，或许在某些具体领域和工作中可以取得一些进展和成果，但是就完成新的历史任务、解决新的战略问题而言，无异于南辕北辙。

"新农村建设"是在经济高速发展与快速城镇化阶段提出的农业农村工作的指导方针。在这一阶段，不管如何强调"以工促农、以城带乡"，在基本面上，农村仍作为城市的附属而存在，农村工作的重心是满足城市和工业所提出的特定要求，完成城市和工业发展对农村提出的任务。换言之，在这一阶段，农村的建设发展主要不是着眼于农村本身，而是指向城市和工业发展的目标，服务于城市和工业发展。因此，这一阶段以快速城镇化为基调，以"通过减少农民来富裕农民"为基层工作导向，在理论认识上以承认农村衰败不可避免为前提，着眼于减轻农村衰败过程中的"阵痛"，以想办法解决农村衰败中出现的诸种问题为目标，表现为"拾遗补阙"性的政策安排。

党的十九大报告指出，进入新时代，我国经济已由高速增长阶段转向高质量发展阶段，正处在转变发展方式、优化经济结构、转换增长动力的攻关期。乡村振兴战略是适应和服务于这一发展阶段提出的全新的理论导向和政策导向，是在新的国际关系背景下，在新的产业结构、就业结构、城乡关系和中国社会主要矛盾等新条件下进行的战略性调整。"乡村振兴战略"不是片面强调以城市、工业去带动农村、农业，也不仅是要在工作推进上实现城乡统筹，而是要赋予农村与城市平等、对等的主体地位，将农村地区作为独立而非附属的战略区加以看待。这是农村定位的根本性变化，也是理解"振兴"含义的最重要维度。进一步看，在"农业农村优先发展"原则的统领下，今后一段时期在战略层面上，要将建设的重点放到农村，将城市开发建设的成熟经验、充裕的社会资金供给与农民改善生活条件的强烈愿望、地方政府积极的行政作为充分结合起来，使农村作为今后一段时间建设的主战场，有效化解过剩产能，全面改善农业现代化条件、农村基础设施条件和农民居住生活条件，较大提升农村地区负载产业和人口的能力水平，应对各种可以预见和不可预见的重大考验。

从政策设置来看，一方面，中央推进农村土地征收、集体经营性建设用地入市、宅基地制度改革试点，另一方面，中央一号文件指出"稳慎推进农村宅基地制度改革试点，探索宅基地所有权、资格权、使用权分置有效实现形式"；一方面，中央一号文件要求"严格规范村庄撤并，不得违背农民意愿、强迫农民上楼，把好事办好、把实事办实"，另一方面，要求"规范开展城乡建设用地增减挂钩,完善审批实施程序、节余指标调剂及收益分配机制";一方面,中央一号文件要求"突出抓好家庭农场和农民合作社两类经营主体,鼓励发展多种形式适度规模经营。推进农村第一、二、三产业融合发展示范园区和科技示范园区建设,加强资源整合、政策集成,以县(市、区)为单位开展创建,到2025年创建500个左右示范区,形成梯次推进农业现代化的格局"①。

其中如何合理规范"合村并居",规范开展城乡建设用地增减挂钩,是这本书探讨研究的重点问题。这里面更深层次的问题是领导体制和国家治理体制问题。这说明,乡村振兴战略是着眼于工农关系与城乡关系、领导体制与治理体制而提出的,不能就农村谈农村,更不能就村庄谈村庄。

因此,在思想认识上,必须将悬置的总体性清晰明确地找回来。这种全局性、总体性的要求也正是"战略"的本意。在以往的实践当中,政策打架的现象屡见不鲜,重要原因在于战略不清、核心不明。各个具体政策背后都有隐含的理论前提,而理论的背后又有特定的价值前提,源于不同的甚至相冲突的理论和价值前提制定的具体政策,不可能不存在内在冲突。如果农业存在什么不足,就出台关于加强农业发展的意见。农民遇到什么状况,就出台改善农民状况的意见;农村遇到什么问题,就出台改进农村工作的意见,那么政策之间、部门之间、层级之间各自为政、内耗严重、效率低下的状况就会成为常态。有了明确的总体性的战略,才可以据此构建完整的政策体系。

学术研究上,我们应当注意到,小农生产条件下的农村聚落方式,与规模生产条件下的农村聚落方式,有很大的不同。长期以来,农村研究被村庄研究所主导。村庄不但成为具体的研究领域,也成为一种研究方法,甚至发展出了一种以"村庄研究"替换"乡村研究"的倾向。村庄研究具有可行性和方便性,比较"容易";而将县—乡—村视野下的农村地区作为整体和体系加以研究,则比较困难。但固守村庄研究层级和视角,是

---

① 赵趁. 城乡融合背景下农村一二三产业融合发展新模式及实现路径[J]. 农业经济,2019(11):9-11.

一种近乎"偷懒"的做法，由此导致的学术僵化不可避免。更为重要的是，以村庄作为研究单位和研究方法，也就必然地会坚持"小农"视角，从而屏蔽掉"超越小农"的广阔视野。而乡村研究要求我们既要避免以自给自足的自然经济条件下的"传统小农"为原点进行理论推演和政策构建，也要避免从微观经验出发简单化地推导宏观局面。

（三）乡村振兴与构建国内大循环体系的关系

乡村振兴是构建国内大循环的根本基础，是构建国内国际双循环新发展格局的重要环节。全面推进乡村振兴，有助于降低外部依赖，扩大市场规模，拉动内部消费，激活就业市场，构建信任体系，从而推动我国国内大循环体系的形成与稳固。[①] 具体表现为：

一是降低外部依赖。全面推进乡村振兴有利于降低我国对外部资源特别是粮食等重要农产品的依赖。双循环是在我国被"卡脖子"的时代背景下提出来的，这种"卡脖子"现象不仅仅体现在科技层面，同时也体现在农业层面，而且农业生产一旦被"卡脖子"，其风险远远超过科技层面被别人"卡脖子"。"民以食为天"，无论是根据马尔萨斯（Thomas Robert Malthus）的人口理论还是马斯洛（Abraham H. Maslow）的需求层次理论，对人类而言，粮食是最为基础和根本的要素。基辛格（Henry Alfred Kissinger）曾指出，"谁控制了粮食，谁就控制了整个人类"。可以说，包括粮食生产等在内的农业生产能力将成为实现国内大循环的前提条件。目前来看，我国粮食和其他重要农产品的生产能力和生产总量位居全球前列，构建了粮食的国内大循环体系。但也应看到，由于"人多地少"的结构化困境以及全球市场的冲击，我国对于部分粮食种类特别是大豆和强筋小麦等进口需求比较大，尤其是大豆，进口率常年居高不下。尽管我国提出了确保粮食安全生产的18亿亩耕地红线，但如果在诸如大豆、强筋小麦等种植技术上无法取得突破，可能会导致我国对大豆等粮食进口的依赖度不断

---

① 袁宇阳．国内大循环背景下乡村振兴的实践转向与路径探索［J］．当代经济管理，2021，43（7）：29-34．

增强。全面推进乡村振兴，可以提升我国农业生产技术水平，加快农业技术创新，提高农业生产效率，从而逐渐降低我国对粮食进口的依赖，夯实国内大循环的农业基础。

二是扩大市场规模。习近平总书记指出，要充分发挥国内超大规模市场优势，以此推动双循环新发展格局的构建。目前来看，我国乡村地区的市场化程度比较低，市场规模较小，仍有极大的市场空间有待挖掘。乡村振兴战略的推行有利于扩大乡村市场规模，激发和凸显乡村市场优势，从而促进国内大循环体系的构建。乡村振兴对市场的培育作用，主要体现在以下方面。其一，乡村振兴有利于开拓乡村基建投资市场。目前我国农村基础设施建设仍然比较落后，数字化发展程度比较低，不少乡村地区的道路、照明、水利工程以及信息化基础设施等都亟待投资和建设，市场规模十分庞大。随着乡村振兴的全面推进，乡村地区的基建投资市场规模将会不断扩大。其二，乡村振兴有助于提高本土农产品的市场竞争力，扩大本土农产品市场规模，极大增加市场体量。黄宗智认为，在过去一段时间里，我国居民的食物消费比例发生了较大的变化，粮食、蔬菜、肉食的比例从 8∶1∶1 逐渐转为 4∶3∶3。且随着居民生活水平以及健康意识的不断提升，可以预见的是，蔬菜和肉食等产品的市场规模会持续扩大。然而，国内的农产品尤其是水果的市场并没能完全发展起来，目前部分国外的进口水果、肉类等仍然占据国内市场较大份额，国内的部分农产品则被贴上了"廉价""低端"等标签，导致一些本土农产品失去了市场竞争力，不利于本土市场的培育。全面推进乡村振兴，可以有效提高我国本土农产品的数量和质量，不断增强本土农产品的市场竞争力，扩大本土农产品市场规模。其三，乡村振兴有利于乡村养老、旅游等新兴产业市场的形成与壮大。随着人口老龄化的到来，养老将成为一个非常值得关注的问题。目前来看，我国乡村养老产业仍然处于初步探索和发展的阶段，具有广阔的市场前景。除了养老以外，乡村旅游业、新能源等行业的市场空间也很庞大，具有很大的发展潜力。总之，全面推进乡村振兴，有利于扩大农村市场规模，培育强大国内市场，提升内循环能力。

三是拉动内部消费。当前，受全球经济下行和疫情持续影响，居民的消费动力和消费能力被抑制，我国部分制造业已经出现产能过剩的现象，刺激消费已成为构建国内大循环体系的重点。有学者认为，国内大循环体系的最后环节是消费，而农村居民是我国重要的消费群体，我国农村有很大的消费市场潜力。目前来看，我国城市的基础设施和电子商务体系已经比较成熟，尤其是大城市的消费群体基本趋于固化和饱和，刺激消费的边际效益比较低，难以实现进一步的消费跨越式增长。反观乡村社会，不少农民的消费不仅受制于收入的不足，同时也受制于基础设施落后带来的"交通不便""不包邮""时效低""退换货难"等问题，导致乡村消费市场的潜力被抑制，有待进一步的挖掘。根据国家统计局数据，2019年，城镇居民人均消费支出增长7.5%，农村居民人均消费支出增长9.9%。2020年前三季度，受新冠肺炎疫情的影响，城镇居民人均消费支出下降5.6%，扣除价格因素，实际下降8.4%；农村居民人均消费支出9430元，增长0.8%，扣除价格因素，实际下降3.2%。因此，需要提升国内总体消费能力，构建国内大循环体系。

四是激活就业市场。研究表明，增加就业岗位有利于对冲经济下行，从而为新发展格局的构建打下坚实基础。因此，提高农村居民的就业率是构建双循环新发展格局的关键之一。然而，当前我国农村居民所处的就业市场活力不足，规范化程度不高，相关制度规定有待完善，国内大循环体系的就业基础仍然不够牢固。其一，由于我国农村的产业化发展程度普遍不高，不少乡村及周边区域缺乏可以提供就业岗位的本土企业，农民难以就近就业，要么选择留守在村庄，专门从事低收入的农业生产，要么选择外出务工，逐渐脱离乡村的本土发展，这些都不利于乡村内循环能力的提升。其二，由于农民受教育程度普遍不高，缺乏专业技术知识，信息获取渠道比较闭塞，导致农民往往很难在外地就业市场中找到合适且稳定的工作，可能长期处于失业状态，不利于农民就业市场的发展。其三，由于当前我国农民工就业相关制度仍然有待完善，再加上农民普遍缺乏法律意识和维权意识，可能让农民在就业市场中面临基本权益被损害的问题，甚至可能面临被拖欠工资和被欺骗的风险。全面推进乡村振兴，不仅有利于提高农民的人力资本，提升其就业竞争力，而且有利于乡村本土产业的兴旺，创造一定数量的就近就业机会，激活本地就业市场的活力。

五是构建信任体系。研究表明，社会信任是促进双循环新发展格局治理的社会基础。以农业生产为例，在现代化技术嵌入农业生产，乡村基础设施和物流体系也得到了完善的情况下，可以形成比较完善的产业链，同时也能保障相关产品的数量和质量。但如果消费者对本土产业链和产品的信任度不够，仍然会选择进口农产品，本土农产品的市场规模仍然难以扩大，内循环动力无法被激活。因此，建立健全信任体系至关重要。然而，在当前的乡村社会中，由于种种原因，信任体系仍然比较脆弱。主要原因在于：一方面，随着市场化的不断推进，乡村传统逐渐被打破，原有的传统乡村伦理道德和村规民约的功能在不断弱化，而与现代社会相适应的、被大家普遍认同的现代化治理规则体系还没有建立起来，乡村治理仍然处于较低水平，难以构建信任关系；另一方面，随着个体化进程的不断加快，农民的原子化现象不断凸显，农民的合作意识和集体意识比较淡漠，乡村公共性在不断降低，导致乡村社会的信任体系比较薄弱，抑制了本土市场的发展和壮大，不利于国内大循环体系的构建。而乡村振兴战略明确提出了"治理有效"，这可以有效提高乡村治理的现代化水平，规范农民的行为，形成乡村公共治理规则，促进乡村社会信任关系的形成，不断生产和再生产社会资本，为国内大循环体系的构建提供一定的治理基础和社会基础。

（四）乡村振兴与共同富裕的关系

一是乡村振兴为共同富裕铺平道路。共同富裕是全体人民的共同期盼，是包括城镇和农村在内的所有地域人群的共同富裕，乡村振兴的发展道路就是共同富裕的发展道路，没有乡村振兴，农民不富裕，就不可能实现共同富裕①，因此乡村振兴是实现共同富裕的必经之路。实现共同富裕

---

① 文列. 新时代乡村振兴与共同富裕的关系［EB/OL］. 光明网, 2023-1-4.

必然意味着人的全面发展，全体人民共同富裕的目标真正体现的是"以人民为中心"的发展思想，把增进人民福祉、促进人的全面发展作为发展的出发点和落脚点。乡村振兴的总体要求"产业兴旺、生态宜居、乡风文明、治理有效、生活富裕"同样充分诠释了以人民为中心的发展思想，产业兴旺是乡村振兴的重点，是实现共同富裕的基础，因地制宜，发展特色农业产业，实现传统"一产"，接"二"连"三"延展农业产业边界，推动农民增收致富；生态宜居是乡村振兴的关键，是实现共同富裕的重要体现，打造宜居村落，留住乡思乡愁、民风民俗，创造"望得见山、看得见水"的美丽环境，为农民提供高品质的生活；乡风文明是乡村振兴的保障，是实现共同富裕的文化支撑，良好的乡风是乡村、宗族绵延不绝、繁衍生息的精神内核，弘扬良好的乡风文化，符合社会主义核心价值观，可以提高农民的精神境界；治理有效是乡村振兴的基础，是实现共同富裕的社会保障，和谐、稳定的乡村生活，为农民安居乐业提供了良好的空间；生活富裕是乡村振兴的根本，是实现共同富裕的核心要义，现阶段收入分配的短板在农民，农民实现了生活富裕，共同富裕的目标才有希望。

二是乡村振兴的目标是实现共同富裕。共同富裕能够为乡村振兴提供目标指引和行动指南，广大农民对共同富裕的热切期盼和不断追求，正是实现乡村振兴战略源源不断的动力。共同富裕有两层基本含义：第一层是"富裕"，即实现人民生活水平的显著提高；第二层是"共同"，即不平等程度缩小。我国的社会主要矛盾已经转化为人民日益增长的美好生活需要和不平衡、不充分的发展之间的矛盾。

当前，城乡发展不平衡、地区发展不充分的问题突出，已经成为实现共同富裕的主要障碍。乡村振兴的发展方向应紧紧抓住"共同"和"富裕"这两个关键衡量标准，"富裕"维度上，力争通过高质量的发展，在2035年进入中等发达国家行列，把包括农村人口在内的人均GDP在2020年的基础上再翻一番，人均GDP有望达到2.2万美元；"共同"维度上，真正体现"以人民为中心"的发展思想，把增进人民福祉、促进人的全面发展作为出发点和落脚点。围绕"共同富裕"的战略，乡村振兴一方面要多维度消除贫困,彻底解决相对贫困的困扰,在度量乡村振兴时,不能以收入水平为单一标准,还要结合教育、健康、住房、生活水平等多方面综合度量;另一方面,乡村振兴在共同富裕的指引下,需要在生活质量方面获得全面提高,真正使农民群众的幸福感、获得感得到显著提升。乡村振兴战略的终极目标就是实现农业农村现代化,着力解决城乡发展不平衡、农村发展不充分的问题,从这个意义上来讲,党中央提出经济发展的平衡性、协调性和包容性,作为共同富裕的主攻方向之一,恰恰为乡村振兴战略指明了方向。

(五)乡村振兴与农村现代化的关系

1. 乡村振兴战略的主要目标是实现农业农村现代化

"三农"问题的解决事关国计民生,党始终将其作为头等大事来抓,这是基于我国经济社会发展不平衡不充分的考量,正确分析了当前我国社会的主要矛盾。在推进农业农村现代化的过程中,要求要更高、视觉要更广、政策要更细,要坚持农业农村整体思维、系统思维的理念,全国一盘棋统筹考虑,第一、第二、第三产业协调发展、整体推进。乡村振兴战略是继我国新农村建设战略之后的关于农村现代化的发展运动。我国人民日益增长的美好生活需要和不平衡不充分的发展之间的矛盾在乡村最为突出,我国仍处于并将长期处于社会主义初级阶段的特征很大程度上表现在乡村。全面建设社会主义现代化强国,最艰巨最繁重的任务在农村,最广泛最深厚的基础在农村,最大的潜力和后劲也在农村。实施乡村振兴战略,有利于实现农村第一、第二、第三产业深度融合发展,我国推动农业从增产导向转向提质导向,增强我国农业创新力和竞争力,为建设现代化经济体系奠定坚实基础;有利于构建人与自然和谐共生的乡村发展新格局,实现百姓富、生态美的统一;有利于全面改善农村生产生活条件,促进社会公平正义;有利于增进农民福祉,让亿万农民走上共同富裕的道路,汇聚起建设社会主义现代化强国的磅礴力量。乡村振兴战略是解决新时代我国社会主要矛盾、实现"两个一百年"奋斗目标和中华民族伟大复兴中国梦的必然要求。

2. 韩国、日本农村现代化的路径及经验借鉴

（1）韩国新村运动。始于20世纪70年代的韩国新村运动是一场以改善农村生活环境、促进农业发展、提高农民生活质量为主要内容的自上而下的农村现代化运动。运动以勤勉、自助、协同为基本精神，以振兴国家为动力，通过政府支援、农民自主的方式，设计实施了一系列开发项目，带动农民自发开展家乡建设活动。新村运动在农村率先开展后，迅速波及工厂、学校及城市，逐步发展成为全国范围的国民运动①，对促进韩国经济和社会现代化做出了巨大的贡献，韩国农村现代化的路径主要表现为以下几方面。

第一，激发村民投身新村运动。韩国政府认识到农村开发事业需要广大农民提高认识，主动、积极、自发地开展各项建设工作，政府重点进行科学引导和扶持，事事先征求村民的意见，绝不强制推行。为调动农民的积极性，韩国政府重点推行以下三项措施。

一是以村为单位实施各类开发建设项目。每年2—3月，各村开展有计划的新村工作，由村总会研究决定具体项目内容、规模、实施范围、预期目标，农村开发委员会研究制订具体实施操作计划，如资金分配、劳动力安排、工作日程等，还要记录每天或每周的工作进度，并依此制定相关的措施，如动员村民补充劳动力，向政府通报信息，求得人、财、物支援和对策分析等，以保障新村开发项目按时完成。

二是实施奖优罚劣的开发政策。新村运动中，政府在人、财、物的支援上，没有采取平均分配政策。刚开始，以村为单位，平均免费提供300袋水泥用于村里的公共事业，根据各村完成公共事业的成绩好坏，把全国3.5万个村从高到低依次划分成自立村、自助村、基础村三级分类治理依次推进。第二年政府的援助物资只分给自立村和自助村，平均增加到800袋水泥和1吨钢筋。经过几年的建设，积极参与的农村发生了明显的变化，抱着消极旁观态度的村见邻近村庄都发生了很大的变化，又从政府的

---

① 韩秀兰，阚先学. 韩国新农村什么样？——韩国农村现代化的路径及启示［J］. 中国农村科技，2011（11）：72-75.

奖励先进和重点扶持、援助中受到刺激，奋起直追，到1978年，韩国全国绝大部分村都成为自立村或自助村。

三是实施村民监督制度。新村运动中，政府投入了大量的财力和物资，如何保证这些财物有效地应用到农村建设中是政府考虑得较多的问题。所有的财物以村为单位申报领用，政府各部门不参与工程建设。政府每村只委派一个公务员具体负责统计工作，并接受村民监督，政府把能否及时、准确无误地将中央分配下达的支援物资送到村里，作为考核公务员素质的重要标志，公务员的升职加薪与每个公务员在新村工作中的政绩水平有关。另外，各村的村民代表可参与郡、面政府的有关决策会议，可以约见市长、郡守，并当面提出问题、批评与建议。

第二，设立高效统一的新村运动组织管理机构。为完成中央制定的各项政策措施、财物援助项目，减少重复中间环节，韩国中央政府合并或取消了一些机构，根据需要又成立了相应的组织机构。中央成立了"中央协议会"，直属内务部，并由内务部部长任议长，中央部委副部级官员担任议员。地方各级政府按中央模式，设立了相应的地方议会，这样从中央到地方各级建立了系统的组织机构和工作程序。村级设立开发委员会，由10~12名有识之士及农民代表、新村指导员组成，里长或新村指导员任议长，具体筹划、协调和执行村级新村运动。村开发委员会根据中央协议会的基本方针，制定具体的开发项目和实施操作方案，再经面促进委员会，市、郡协议会，逐级报到道、中央协议会，重大事项由中央、道协议会研究解决。

第三，制定严格的新村运动建设管理制度。韩国政府认识到没有有效的管理制度，即使制定出再好的政策措施和宏伟蓝图，也无法得到善始善终的实施而取得预期效益。为此，韩国政府经认真研究后，制定出一系列科学管理制度，对各级政府的管理对象、内容、方法、信息分析、组织和反馈体系等都做出明确规定。一是乡镇（面）级管理职责。面政府公务员每天在村调查研究，检查督促新村运动执行情况，收集整理有关数据，并向面长报告，面长通过建立图表档案及时收集分析有关情况，每天或每周向郡守报告有关统计数据。二是郡级（县级）管理职责。县级管理监督的目的和任务是及时发现农村基层组织有关情况，检查监督中央分配下达的支援物资是否及时准确地送到面、村并合理使用。三是道（省）、中央级管理职责。及时掌握郡、面、村的实际情况，及时制定和调整有关政策措施，加以矫正或推进，各道（省）的副知事负责及时收集和分析各郡守提出的报告和有关厅局经调查研究提出的报告，全面负责新村运动的具体实施和保证能按期完成。各道（省）政府及时收集有关情况后写成报告，每月或定期向内务部部长报告。内务部部长收集分析全国的情况，及时制定或调整有关政策。内务部部长委托大学教授负责全国的检查监督工作，并根据情况派中央有关部委官员到道、郡检查监督。

第四，实施农村经济、文化全方位的建设战略。新村运动初期，政府把工作重点放在实实在在的项目开发和建设工程上，如改善农村公路、农民住宅，实施农村电气化，改造农村自来水等，这些项目和工程的实施改变了农村面貌，改善了农村居住环境和生活质量，得到村民的拥护和称赞。随着新村运动的深入开展，政府推进新村运动的工作重点放在推广高产水稻品种，鼓励发展畜牧业、农产品加工业、区域特色农产品产业，发展多种经营，并积极推动农村保险、金融的发展。同时，为推动乡村文化的建设与发展，修建了诸多农村文化设施，通过举办文艺活动、各类培训来启发村民们的勤勉、自助、协同、奉献精神。

第五，强化对新村运动的教育与指导。韩国学者认为，要想把政府的意图长期、正确地贯彻实施下去，变成全体国民的自觉行为，就必须加强新村教育，教育全体国民树立勤勉、自助、协同精神的民主市民意识。1972年，韩国政府成立了中央研修院，1990年，该院正式定名为"新村运动中央协议会中央研修院"。新村运动初期，新村教育比较注重对社会各阶层的核心骨干人员和中坚农民的培训，如举办骨干农民培训班、新村指导员班、农协组合长班、农协管理干部班、妇女指导员班、土地改良组合长班、水产团体干部班、农村教育骨干人员班等24种培训班，通过集体住宿、集中讨论、生活教育等环节达到教育目的，培训的主要内容有地区开发、意识革新、经营革新、青少年教育等七方面。到 1995 年，各层次的新村教育共培训了 34.2 万多人次。中央研修院通过新村教育，培养了一大批献身于国家经济发展的社会骨干，为推动韩国加入世界发达、文明国家的行列做出了巨大贡献。韩国政府在新村运动中还实施了"志愿服务者"制度。志愿服务者是指为了区域共同体的发展，除了本职工作以外，自发行动，无偿提供知识、能力或付出努力，志愿服务者主要来自大学教师、学生。这一活动并没有强求，而是学生自愿报名，学科主任推荐后，再申请具体的服务项目。从新村运动开始发起至今，历任新村运动"中央"协议会会长都是义务工作，没有报酬，全国 300 万新村运动指导员（农村、城市等基层单位的运动骨干）也都是义务工作，没有报酬。韩国农村发展的这些路径，反映了农民的要求，切中农村实际，解决了存在的问题，有力地推动了新村运动的快速发展。

（2）日本造村运动。日本农村发展的现代化运动的实践对我国新农村建设也具有一定的参照作用。[①] 日本的造村运动始于 20 世纪 70 年代末，在日本也被称作造町运动。造村运动的出发点，是以振兴产业为手段，促进地方经济的发展，振兴逐渐衰败的农村。随着造村运动的发展，其内容扩展到整个生活层面，包括景观与环境的改善、历史建筑的保存、基础设施的建设、健康与福利事业的发展等，运动的地域也由农村扩大到城市，成为全民运动。在日本的造村运动中最具知名度且影响力扩及全日本乃至亚洲各国的形式，就是由平松守彦于 1979 年开始提倡的"一村一品"运动。其主要做法有：

第一，以开发农特产品为目标，培育各具优势的产业基地。大分县地处日本九州岛东部，全县地形复杂，其中林地占全县面积 70%，除了几处盆地外，几乎没有大的平原，这样的自然条件，使大分县具有种类繁多但产量不大的农特产品，具有自己独特的优势。因此，"一村一品"的基本目标就是开发、振兴农特产品。他们在培育农特产品上抓住产地建设、培

---

① 韩秀兰，阚先学. 日本的农村发展运动及其对中国的启示［J］. 经济师，2011（7）：78-79.

育名牌两大重点环节。如在产地建设上，强调因地制宜建立产业基地，以朝地町、九重町、玖珠町、钱津江村、之光村等为代表的牛产业基地；以大田村、国见町、野津原町、潼町等为代表的香菇产业基地；以佐伯市、庄内町、挟间町为代表的草莓产业基地；以姬岛村、鹤见町、蒲江町等为代表的水产品产业基地。培育产业基地离不开政府的支持，在日本迅速工业化的过程中，尽管农业所占比重逐渐下降，但日本政府并未放松对农业和农村的支持，始终把农业和农村的发展放在重要的位置。通过财政转移支付补贴农业。日本实行了各种各样的价格支持制度，如对大米实行成本与收入补偿制度；对土豆、甘薯、甜菜等实行最低价格保证制度；对牛肉、猪肉等实行稳定价格制度；对大豆、油菜籽、牛奶制定目标价格差额补贴制度；对蔬菜、水果、蛋类等实行价格平准基金制度。尽管价格方法各异，其核心都是保证农民的产品能够销出去，生产成本能够得到充分补偿，农业生产有利可图。

第二，以创设合理的融资制度为途径，提供农业低息贷款。农村产业的振兴需要完善的金融体系的支撑，日本的农村金融体系由政策性金融与农协金融组成。农林渔业金融公库是日本农业政策性金融机构，由政府依据《农林渔业金融公库法》于1953年全资设立，负责对土壤改良、造林、林间道路、渔港等生产性基础设施建设提供贷款，以及对维持和稳定农林渔业的经营、改善农林渔业的条件所需资金提供贷款。20世纪70年代中期，日本粮食生产过剩，扶持农产品加工和流通成为农业政策新重点。90年代初期，日本农产品市场对外开放，公库设立"特定农产品加工资金"，将资金投向支持增强本国农产品的竞争能力。日本农村金融的另一支主力军是农协金融。农协设有信用部，其业务以分散农户为单位，使得农户能以较低利率进行相互融资，业务范围包括会员的存款、贷款、票据贴现、债务担保和国内汇兑交易等信用业务。日本农协系统的金融机构按行政区域设置分为基层的协同组合、都道府县的信用联合会、中央的农林中央金库和全国信联协会三个层次。

第三，对农民进行大规模补贴，增加农民收入。日本早期农业比重一直比较大，1947年，日本农业就业人口占总人口的一半以上，1955—1975年经济高速增长的20年，日本农村就业人口比重下降了26.3个百分点，农业占总人口的比例，1970年为25.3%，1980年为18.3%，1990年降到14.0%，到1997年降到9.2%。1929年世界经济大危机爆发后，为了应对经济萧条，日本开始对农村进行大规模的补贴，并且补贴规模不断提高，战后日本开始土改，政府买进地主的土地分给农民，使其变为自耕农，农产品供给迅速增长，农民收入迅速提高，1955年之前农民收入基本上高于城市职工。但是1960—1970年间，日本大米过剩日趋明显，农民收入开始下降，转产政策应运而生。1974年时农民收入水平又超过了城市的工人收入。

（3）韩日农村现代化的经验借鉴。综合来看，上述两个国家在推进乡村振兴过程中取得了较好的实践效果，一些共同经验值得我们学习和借鉴，我们可以从中得到一些有益的启发。

第一，坚持"以工补农、以城带乡"。工业化和城市化是一个国家迈向现代化的必由之路。在工业化和城市化的过程中，每个国家都面临着农村劳动力大量转移而导致的乡村凋敝和衰败，都面临着如何发展农业农村以重振乡村文明和重构乡村社会秩序的问题。由此可见，乡村振兴因"乡村凋敝"而生，这几乎是所有国家推进乡村振兴的共同逻辑。欧美主要国家以及东亚的日本和韩国，在不同的历史时期都不同程度地经历了乡村衰退的过程，后经过制度性红利的溢出效应，较好地实现了乡村振兴，其过程呈现出了类似"倒U"曲线的共性特征。

伴随着一个国家工业化和城市化的发展，乡村走向衰弱成为必然趋势，尤其是在城市化快速推进阶段，农村劳动力向城市工业部门大规模迁移，资源要素迅速向城镇聚集，城乡收入差距不断扩大，由此导致乡村出现经济社会急剧衰败的空心化、边缘化现象。这个阶段实质上就是典型的"以农补工、以乡促城"的资源配置和城乡发展格局。当然，城市化不是为了消灭乡村，乡村与城市不仅相辅相成，而且缺一不可。基于此逻辑，一些国家当城市化进入稳定发展阶段就开始调整城乡关系的政策导向，从

21

制度层面避免导致城乡"过度"分化的走势。如东亚的日本、韩国结合各自的国情，加强政策与制度的有效供给，实施了"以工补农、以城带乡"政策，有效遏止了乡村进一步走向凋敝和衰败。随着城市化发展进入后期阶段，这些国家凭借国家现代化释放出的巨大红利，实现了乡村振兴和城乡融合。

当前，我国城乡关系正发生着根本性变革。没有农村发展，城镇化就会缺乏根基；而没有城镇的支持，乡村振兴也难以为继。在农村发展资源受约束的背景下，单靠农村内部无法完成乡村振兴的历史使命，必须依靠外部资源和有效政策的坚定支持。基于此，我们认为推进乡村振兴战略，离不开"以工补农、以城带乡"。要不断加大城乡融合发展力度，合理引导城市现代资源要素向农村倾斜。重塑城乡关系，走城乡融合发展之路。

第二，强化农业科技创新驱动作用。国际经验表明，乡村振兴离不开农业科技的强有力支撑。不管是欧美，还是日本、韩国都高度重视乡村振兴的科技支撑，都采取了多种措施促进农业生产技术的研究、应用和推广，使科技逐步渗透到农业农村发展的方方面面。综合来看，这些国家主要是从农业科技创新和农村教育培训两个环节来强化科技创新驱动作用的。如日本，以解决农业"后继无人"问题为导向，把职业农民的培育作为国家农业教育中的主要任务，积极搭建农协培训中心、农业科技培训中心等农民教育培训平台，重点培育农村产业带头人和接班人，强化对农民的技术培训和生产指导；同时非常重视农业科技研发，试图通过科技创新提升农业生产效率，近年来，随着信息技术、遥感测量技术、智能物联网在农业上的使用和推广，日本农业综合效益和国际竞争力得以不断提升。韩国在新村运动的第二阶段，就加大农民教育培训力度，着力提升农民的综合素质，从20世纪80年代开始就推动农业信息化发展战略，利用先进的信息化网络，为农业科研、教育和技术推广提供信息支持。强大的农业科技创新能力和完善的农业科技创新体系在助推本国农村经济增长、加快实现农业现代化、增强农业国际竞争力的进程中起着至关重要的作用。对标这些国家的经验，我国在农业科技创新和推广方面仍然存在较大差距，任重而道远。随着工业化、城市化快速发展以及人口增加，我国人均耕地面积在不断减少，由此产生了农产品供给总量与需求刚性增长之间的矛盾。可见，通过实施科技兴农战略来提升农业综合生产能力和综合效益有其紧迫性和现实意义。因而在推进乡村振兴战略过程中，必须加大农业科技创新力度，健全农业科技创新体系，把农业科技摆到更加突出的位置，发展高产优质高效的现代农业。

第三，注重经济、社会和生态的协调性。乡村振兴，不仅仅是产业振兴，还包括社会、文化、生态等各方面的全方位振兴。乡村振兴固然以农业产业发展为根本，但如果忽略社会效应和生态效益，片面追求产业发展将给乡村社会和生态带来严重后果，实现乡村全面振兴将是不可能的。从东亚国家的经验来看，保证乡村经济、社会和生态的协调发展，是实现乡村全面振兴的重要前提。如日本在资源贫乏基础上的造村运动就值得我们关注，从农业生产环境整治，到农村生态环境整治，再到完善基本公共服务体系与社会保障制度，经过渐进的、长期的农村建设，推动了乡村经济社会的全面复兴；而韩国通过政府主导的勤勉、自助、协同的新村运动，促进了乡村经济、社会、生态的全面发展，较好地实现了经济效益、社会效益和生态效益的有机统一。

可见，推进乡村振兴较为成功的国家都格外注重经济、社会和生态的协调性问题。建设产业兴旺、生态宜居、乡风文明的美丽乡村，是乡村振兴的主要内容和基本要求。唯经济发展模式必然会导致乡村生态环境问题日益突出，最终成为乡村经济可持续发展的障碍。因此，在我国实施乡村振兴战略的过程中，强调"产业兴旺"的同时，也必须重视乡村社会、文化、生态等各方面的建设，实现农业经济发展、社会关系融洽、生态环境优美的共赢局面，构建乡村经济、社会和生态和谐发展的美好愿景，为全面实现"农业强、农民富、农村美"奠定坚实的物质基础。

第四，尊重农民的主体地位。乡村振兴的主体是农民，实施乡村振兴战略离不开农民的支持与参与。从国外的经验来看，政府主导与公众参与相结合是保证乡村振兴顺利推进的有效途径。不论是日本的造村运动，还是韩国的新村运动，在乡村规划与建设中都建立起"政府主导、公众参与"的良性互动机制，不仅鼓励公众积极参与乡村建设阶段，还通过公开论证、座谈会等方式让公众参与前期规划研究，并通过完善法律法规确保公众的参与权、知情权、监督权不受侵害，使乡村规划、建设工程在阳光下公开透明运行。鼓励公众参与乡村建设规划的各项工作，有助于强化公众的主体性，激活乡村振兴的内生动力。日本、韩国乡村振兴中的公众参与模式值得我们借鉴。当前，我国实施乡村振兴战略同样也离不开农民的参与和推动，这就要求我们必须坚持以人民为中心的价值取向，尊重和维护农民的主体性地位，充分调动农民群众的积极性、主动性、创造性，激发他们投身到建设美丽乡村的大潮中，形成乡村振兴的内在推动力量。通过完善相关法律法规，依法保障农民的主体地位，让农民充分地享有参与权、知情权与监督权；同时，加强农民主体意识培育，建立起"政府主导+群众参与"的美丽乡村建设长效机制。从实践来看，广大农民群众既是建设现代农业的主力军，也是乡村振兴的主体力量，他们对家乡的发展情况及面临的问题，感受最真实，最有发言权。只有尊重农民的主体性地位，维护农民合法权益，积极呼应农民的利益关切，才能有效化解乡村振兴中的各种利益冲突和矛盾，才能为乡村振兴创造良好的社会环境与政治基础。

二、"合村并居"

（一）"合村并居"内涵

"合村并居"又名"迁村并居"[①]，是指住在自然村的农民集中到小区居住，是乡村振兴战略规划的重要内容之一。该规划明确指出，对于生存条件恶劣、生态环境脆弱、自然灾害频发的村庄，或者是因重大项目需要搬迁的村庄，以及人口流失特别严重的村庄，可通过扶贫搬迁、生态宜居搬迁、农村集聚发展搬迁等方式，实施村庄搬迁撤并，统筹解决村民生计

---

① 韩秀兰. "迁村并居"动力机制研究 [D]. 西北农林科技大学，2014.

和生态保护等问题。该规划还强调，农村居民点合建或村庄撤并，必须尊重农民意愿，并经村民会议同意，不得强制农民搬迁和上楼居住。吕学昌认为，农村人口由自然村向中心村镇的集中，也应看作城市化的一种具体形式，将其作为"农村居民点重构"的过程。叶继红解释为，所谓"合村并居"即在科学建房和土地利用总体规划的观念指导下，在充分尊重农民意愿的情况下，被置换户退出原有农村宅基地，政府将其部分复垦为耕地、部分转为其他建设用地，被置换户异地置换到中心村或城镇周围建设农民集中居住区，将传统的、分散的以及零星的居民点向中心村和城镇集中，以实现用途或土地使用者的更替。

总体来说，"合村并居"可以概括为两种类别：一是地域合并模式，对村庄进行统一规划，统建联建；二是行政合并模式，以中心村为基点进行村落村庄缩并。在资金筹措方面，"合村并居"可以分为四种类型：政府主导型，由政府牵头进行项目运作；政府与市场结合型，参照房地产开发模式，政府与开发商共同承担项目运作；市场运作型，全程由企业主导项目运作；自主整理型，按照村民自愿原则进行农村居民点的整理。

笔者通过概括总结，认为"合村并居"指的是，受相关机制的驱动作用，将原有占地面积大、分布零散、人口规模相对小的几个村落集聚，引导原有村落的农民逐步向中心村或集镇移动，形成新的社区。以解决农村居住现状问题、顺应农村地域合理发展、改善农村居民的居住环境和生活水平、提高农村投资效率为目标，并将原来居住的宅基地复耕或改为建设用地，以推进农村土地节约集约利用、改善农民生活条件为目的，将多个临近行政村进行地域或行政整合，建立新型农村社区。

中心村与城镇地区的居住地不同，它主要为合入农民提供适宜的人居环境以及相关的基础设施，为原有农村居民提供便利的服务，提升农民的幸福感、获得感和安全感。[1]

（二）"合村并居"的研究类型

本研究所涉及的"合村并居"主要有三类。

---

[1] 郑风田."合村并居"，好事为何办坏？[EB/OL].环球网，2020-6-23.

第一类是生存条件恶劣、生态环境脆弱、自然灾害频发的村庄。在那里，生活交通不便，乡村连通道路还未被打开，经济落后。城市转型过程中村内主要道路还未被硬化，配套建设供水设施差，排水沟渠能力差及垃圾分散、零乱、无集中处理设施等，导致水不能喝，土地不能种，空气质量极其差。由于地质地表的因素，比如泥石流，生活在这类村庄的农民，不仅生活难以脱贫，而且生命遭到威胁。

第二类是人口流失特别严重的村庄。由于经济发展的不平衡，工厂企业大多数集中在沿海大城市，年轻人大多选择外出打工或做生意来获得发展。这是导致"空心村"现象的主要原因。就目前而言，空心村数量极多，这些无人使用，无法利用的土地，就造成了有限土地资源的严重浪费。另外，空心村内的房屋破旧不堪，院内杂草丛生，无人居住，严重影响了农村的面貌，这也是农村现代化进程中的严重阻碍。

第三类是因重大项目需要搬迁的村庄。由于国家重大项目实施，需要占用几个村子的农民土地和住宅。一般来说，国家会给相应的补助和妥善的安排。对绝大多数农民而言，这是一件好事，经过几个行政村合并后，农民的居住条件会更好，基础设施也会更好。本研究不考虑大的市政工程建设涉及的部分村庄需要动合这种类型。

三、动力

（一）动力内涵

从物理学角度解释，动力是指使机械做功的作用力，如水力、风力、电力等。从管理学角度解释，动力又指推动事物运动与发展的力量。引申开来，"动力"有调整至和谐的意义。应用于社会经济领域，是指通过协调其行为主体各方的价值取向和利益分配，通过调节其功能、结构以及决策和操作体系，通过调整其速度和规模，实现社会经济符合事物发展的客观规律，达到和谐、有序、均衡的目标；应用于管理学领域，则是指使管理持续而有效地进行物质、精神、信息以及制度等方面的刺激和激励。本文主要探讨作为推动事物运动与发展力量的动力。

(二) 动力研究类型

动力分为物质动力、精神动力和制度动力三大类。一是物质动力。物质需要是人类生存的第一需要，物质动力在推动事物发展的过程中有着特殊的地位和作用。"要想领导革命，首先要对被领导者给以物质福利，至少不损害其利益。"[①] 二是精神动力。它是事物发展的内聚力，是"一种精神价值，在任何一个经济社会里都具有归结性的意义"[②]。精神动力不仅可以补偿物质动力的缺陷，而且本身就有巨大的威力，在特定情况下，它也可以成为决定性动力。三是制度动力。物质动力、精神动力固然重要，但政府制定的制度的导向作用也极其关键，它决定了事物发展的根本目标和方向。

四、机制

机制最原始的意思是指机械及其构造和工作原理，意为有机体的构造、功能和相互关系。后来这一概念被经济学家、社会学家和人类学家在各自的研究中借用，将其引申为：影响事物变化的主要因素、作用过程及其运行规律，也就是在事物发展、变化和演进过程中的内在机理。具体来说，机制的含义包括以下三方面。一是关系的联系方式。即通过什么途径将构成事物的各种关系联结起来。二是关系的发生过程。在机制范畴中的过程，是一种抽象，一般由规律抽象出的关系及其联系方式的发生过程，并不是指具体过程。三是关系的存在条件及其可变性。机制最为重要的一个原理就是其本身发展变化的动态性以及环境变化的随机性。一言以蔽之，机制是指本质关系或本质之间关系及其联系方式、发生过程和对存在条件的适应性。

[①] 罗平汉. 革命与利益——读毛泽东的《寻乌调查》与《兴国调查》[J]. 理论视野，2011 (6)：59-62.
[②] 王小宁. 余秋雨谈文化 [EB/OL]. 中国文明网，2013-3-11.

五、动力机制内涵

"动力机制"概念最早源于物理学的系统动力原理，后被移用至社会科学中进行主体行为动力分析，是对系统协调运转的构造及构造间的相互作用关系的一种隐喻。国内外的理论工作者从不同角度对动力机制问题进行了不懈研究，做出了不同的解答。综合起来看，动力机制的含义可从以下三方面来理解。第一，动力机制具有整体性。动力机制是一个合力系统，它是由许多个相互影响、相互作用、相互制约并不断进行物质流、信息流的动力因子组成的一个整体。第二，动力机制具有权变性。任何一个系统，都有自己独特的适应环境的方式即环境变化的随机性，这是系统理论最为重要的一个原理。第三，动力机制具有动态性。在一定条件下，各动力子系统形成的层次会发生由较低层次向较高层次的转换。有时候可以实现由低层次转换为高层次的跨越式发展。"合村并居"推进涉及方方面面的动力因素，有着多样性和复杂性，既包含静态的结构，又包含动态的程序；既包含内在的关系，又包含外部的形态；既包含显性的制度，又包含隐性的规范。同时，"合村并居"推进反映"合村并居"对动力的驾驭与运行的能力。因而，本文界定"合村并居"动力机制是推进"合村并居"发生和持续发展起到推动与拉动作用的力量以及协调、维持和改善这种力量的各种动力因素。

六、治理理论

对"治理"这一概念的发展历史进行追溯最早可到中世纪，最初含义和"统治"具有相似之处，也就是控制的意思。首次使用"治理"一词为14世纪，此时其定义为治理的方式以及领导的行为，随后由于"统治"一词逐渐代替其应用，直至世界银行在研究非洲发展问题时才重新启用"治理"这一概念，而且得到了广泛的应用。但其与最初提出时的概念存在显著差异，西方政治学家与社会学家为此做出许多新的定义。

自20世纪后半叶开始，随着技术革命的发展，市场经济发展水平得到迅速提高，各国经济均得到良好发展，全球经济逐渐向着一体化的方向迈进，各国经济之间高度关联，而经济环境的变化，各国政治经济体制均面临新的危机，如一些发达国家在实行福利体制时，存在严重管理问题，国家权益显著膨胀，而且没有办法对市场进行有效调节，给其带来严重损失，如政府失灵和市场失灵均为其表现形式；不仅如此，随着全球化的逐渐发展，国家与国家之间以及国家与地区之间的距离均显著缩短，从而联系越加密切，一旦面临全球性危机，就需要共同进行应对，基于这方面，进行全球治理十分重要；而且随着民主制度与市场经济的不断发展，社会产生了深层次的分工和整合，不同发展目的的利益团体得到了迅速的发展，为确保其相互之间和谐稳定，"治理"概念就随之提出。在这一环境下，许多西方学者均积极进行治理方面的研究，并提出了相应治理理论。其中最为典型的治理理论是全球治理委员会所提出的，其指出治理实际上是各私人机构或公共机构在进行不同事务管理过程中所使用的各方式的总和，其目的有以下几个。一是治理为一个合作、参与、协调、协商的连续性过程。二是治理并非单一主体，无论是私人部门、公共部门还是第三部门，均可以进行治理工作。三是治理为连续性过程，并非正式制度。四是具有多样化的治理方式，如自治、参与以及合作。在进行"合村并居"工作发展推进时，不同行政单位、村民以及经济组织之间因为利益的不同或者发展目的的差异便会出现诸多矛盾，必须对其进行协调处理。

第二节 "合村并居"动力机制的一般理论逻辑

一、潜在收益——"合村并居"的动力源

（一）制度相关概念及潜在收益含义

1. 制度及其外延

（1）制度定义及分类。什么是制度？许多研究制度的理论家对制度下过不同的定义。最早将制度引到经济分析中去的是美国制度主义，又称旧制度主义。其主要代表人物有托尔斯坦·B.凡勃伦（Thorstein B. Veblen）、约翰·R.康芒斯（John R. Commons）等。凡勃伦认为制度不是组织结构，而是大多数人所共有的一些"固定的思维习惯"。它们是在给定的时间、地点占统治地位的一些"固定做法、习惯、行为准则、权力与财产原则"。康芒斯认为制度无非是集体行动控制个人行动。① 舒尔茨（Theodore W. Schultz）赞成制度是一系列的行为规则，认为制度是为经济提供服务的。② 诺贝尔经济学奖获得者、美国新制度经济学家道格拉斯·诺斯（Douglass C. North）如此定义制度："制度确立合作和竞争的关系，这些关系构成一个社会……制度是一整套规则，用以约束个人的行为。"③ 我国学者一般遵循诺斯的分类，把制度分为制度环境和制度安排。

日本新制度经济学家青木昌彦（Aoki Masahiko）从博弈论的角度出发概括了其他人对制度的三种定义，并提出了自己的定义。他指出，关于制度的定义有三种：一是将其定义为博弈的参与者，尤其是组织；二是将其定义为博弈的规则；三是将其定义为博弈的均衡解。青木昌彦倾向于第二种定义，但也提出了自己的修改看法，把制度定义为关于博弈重复进行的主要方式的共有理念的自我维持系统。

德国学者柯武刚和史漫飞把制度首先分为内在制度和外在制度两大类，进一步把内在制度分为非强制性社会规则、由道德规范实行的习俗、由公众舆论迫使实行的习俗和非政府组织或团体制定的各种内部规则，把外在制度分为普适的禁令、专用的指令和程序性规则。④ 杨瑞龙先生把制

---

① ［美］康芒斯. 制度经济学（上册）［M］. 于树生，译. 北京：商务印书馆，1997：86-93.
② ［美］R. 科斯，A. 阿尔钦，D. 诺斯，等. 财产权利与制度变迁——产权学派与新制度学派译文集［M］. 刘守英，等，译. 上海：上海三联书店，上海人民出版社，1994：253.
③ ［美］道格拉斯·C. 诺斯. 制度、制度变迁与经济绩效［M］. 刘守英，译. 上海：上海三联书店，1994：3.
④ ［德］柯武刚，史漫飞. 制度经济学：社会秩序与公共政策［M］. 韩朝华，译. 北京：商务印书馆，2000：122-126.

度分为宪法秩序、制度安排和伦理道德规范。① 浙江大学经济学院教授张旭昆认为，制度不宜被定义为博弈的参与者，也不宜被定义为博弈的均衡解。他将制度定义为"是关于人们的权力、义务和禁忌的规定"②。对制度的分类，张旭昆认为，人们行为的规则可分为个体和社会两类，通过上述学者和专家对制度所做的分类表明，对制度下一个唯一的定义是很难做到的。因此，变通的办法是，从外延角度，按照由窄渐宽的次序进行分类与定义。

尽管我国经济学家唐世平对制度与经济发展的新制度经济学进行了根本性的批判③，综合国内外学者对制度的定义研究可知，制度是一套用来管束特定行为和关系的规则，它决定着人们在经济和社会中能干什么和不能干什么，是人们用来规范经济、政治和社会相互关系的约束条件，一般来讲，它能够被社会成员所接受。本书倾向于张旭昆对制度所做的定义和分类，也就是一切由统治机关颁布的法律法规法令政策属于制度。

（2）制度外延。从外延角度看，"城乡土地增减挂钩"属于制度的范畴，它分为制度环境和制度创新。

就制度环境而言，制度经济学认为，是"一系列用来建立生产、交换与分配基础的基本的政治、社会和法律基础规则"。制度环境和制度的组成，在原则上是相同的，其不同点在于规则包括范围的不同。制度环境的规则分为正式规则和非正式规则。制度环境的正式规则是指一系列规范化的规则，包括经济、政治、法律规则和契约，具有强制性。制度环境的非正式规则来源于所流传下来的信息以及我们称为文化的部分遗产，主要包括传统、习俗、道德伦理、意识形态等。

一般来讲，在对一具体的制度进行分析时，其所对应的制度环境被认

---

① 杨瑞龙. 论制度供给 [J]. 经济研究, 1993 (8): 8.
② [美] W. 理查德·斯科特. 制度与组织——思想观念与物质利益 [M]. 姚伟, 王黎芳, 译. 北京: 中国人民大学出版社, 2010: 132-133.
③ 唐世平, 张雨亭. 经济发展的新制度经济学: 一个根本性的批判 [J]. 经济社会体制比较, 2021 (6): 173-185.

为是既定的。制度环境被视为"外生"变量，而所要分析的制度被视为"内生"变量。由于制度和制度环境的相对性，在不指明具体经济系统的情况下，笼统地说制度是"外生"变量还是"内生"变量是没有意义的。一般而言，处于宏观层次的制度环境变化较慢，而制度环境的剧烈改变往往伴有国家政权的更迭这种巨大的"震荡成本"。在本书的分析中，制度环境对制度有决定作用，它为低层次经济系统的制度规定了一个基本范围，即高层次经济系统的制度对低层次经济系统的制度具有决定性作用。在这个框架范围内，低层次经济系统制度只要不超出这个框架，不与其相冲突，就可以自由地选择和安排经济制度。

从我国农村集体建设用地制度面临的环境变化来说，我国农村建设用地特别是宅基地粗放利用，浪费严重，农村村庄建设用地随着农民工和一些市民回乡建房的增多而日益增多，并未随着农民进城而减少。而且农村宅基地新增面积绝不小于城镇建设的新增用地面积。据调查，以县为单位，每年农村新增农民建房用地是城镇新增建设用地的10倍以上。同时，我国目前处于城市化快速推进期，城市建设用地供需矛盾日益突出。城镇人口不断增加，城市建设用地面积急速扩张。我国现有14亿人口，据推算，未来30年内，我国将达15.5亿人口高峰，即使4亿~5亿人口保留农村户籍，仍有6亿~7亿农民要进城成为市民。因此，至少还需要1亿亩土地用作城市化占地、工业化占地和基础设施建设占地。这样的结果将导致我国18亿亩耕地红线的目标岌岌可危。面对我国实行的最严格的耕地保护制度，农村集体建设用地制度面临着严峻的环境变化，各地广泛建立了城乡建设用地增减挂钩机制，该制度是我国农村建设用地制度特别是我国宅基地制度的深化改革，将为解决建设用地供需矛盾发挥积极作用。

制度创新，也称制度发展，是用更有效率的新的制度来替代原有制度，"能够使制度创新者获得追加或额外利益而对现有制度的变革"[1]。制度安排与中国农地制度创新，也就是指通过提供更有效率的行为规则而对

---

[1] 转引自雷琼. 乡村实现共同富裕的现实内涵、困境与制度创新 [J]. 广东财经大学学报，2022，37（04）：44-55.

经济发展做出贡献。从静态方面看,制度创新就是做出一项新的制度安排;从动态方面看,制度创新则是旧的制度安排被新的制度安排替代的过程,也就是制度革新、改革的过程。

2. 潜在收益

(1) 潜在收益内涵。潜在收益是新制度经济学家提出的一个新范畴。在新古典经济学中,外部收益被假定为零。外部利润实质上"脱胎"于外部性理论中的外部收益,但是新制度经济学家大大增加了其内涵,使外部性理论更具有了一般意义。诺斯制度创新模型的基本假定就是:制度变迁的诱致因素在于主体期望获得最大的潜在利润。所谓"潜在利润"就是"外部利润""外部收益",一种在已有的制度安排结构中主体无法获取的利润。通俗地讲,主体现在在A制度中是无法获取这种利润的,除非把A制度变为B制度,因为这种利润存在于B制度之中。只要这种外部利润存在,就表明社会资源的配置还没有达到帕累托有效状态,从而可以进行帕累托改进。所谓帕累托改进实质上是指现有资源的配置还有改进的余地或潜力。由于外部利润不能在现有的制度安排中获取,因此,要实现帕累托改进,要获得外部利润,就必须进行制度的再安排(或制度创新)。

诺斯制度变迁模型认为外部利润包括规模经济、风险降低和转移、外部经济内部化、交易费用的降低和转移等带来的收益。如果一种安排性创新成功地将这些利润内部化,那么总收入就会增加,创新者可能在不损害任何人的情况下获取收益。外部利润和收益是相对应的,外部利润内部化必然带来利益主体收益的增加,要获得这一部分收益,就需要不断实施制度创新,达到帕累托最优的制度均衡状态,制度变迁需要时间达成利益团体间的一致同意,认识新的潜在利润。制度创新可以理解为一种更有效率的制度的生产过程,其实质是一种相互冲突的利益主体为追求自身利益最大化而打破旧秩序建立新秩序的行为。新制度经济学认为,制度创新总是源于制度需求,创新主体之所以产生新制度的需求,是因为新制度能够使创新主体实现在现有制度下不能实现的潜在收益。诺斯、戴维斯(Lance E. Davis)等将这些在现有的制度安排下不能获得的收益称为"潜在收益"。

（2）制度环境变化和制度创新产生潜在收益。杜威漩运用传统经济学中的"均衡"概念，从制度的内部矛盾和制度与制度环境之间的外部矛盾入手，认为制度的内部矛盾和外部矛盾的共同作用不断动摇着矛盾的初始均衡状态，导致制度非均衡状态的产生和加剧。制度的内部矛盾和外部矛盾的进一步发展，又不断内生着对制度非均衡状态的否定因素，最后导致新的制度均衡的实现。人们为什么要进行创新？戴维斯和诺斯还认为，为了实现规模经济，从交易费用中获益，将外部性内在化，降低风险，进行收入的再分配，无论是自愿的还是政府的安排都将要被创新。他们认为，制度创新的动力是个人期望在现存制度安排下获得最大的潜在收益。诺斯、戴维斯还认为，当所有的制度创新都被实现之后，即当无论怎样改变现存制度都不会给创新者带来额外利益时，制度均衡就实现了。当然这种均衡是相对的和短暂的，因为促进制度创新的因素总是在活动着，如果外界新的条件出现，或法律和政治环境变化，或制度创新成本降低，或一定利益相关者对自己的收入预期有改变等，都会出现获取新的潜在利益的机会，从而出现新一轮的制度创新，然后又达到制度均衡。可见，制度不断完善的过程，就是这样一种周而复始地从制度的非均衡到制度的均衡的动态变化与发展的过程。当获利动机或潜在利润无法在现行制度结构中实现时，就会产生一种新的制度安排。如果预期的净收益超过预期的成本，一项制度安排就会被创新，只有当这一条件满足时，我们才可以发现在一个社会内改变现有制度和产权结构的企图。市场规模的变化、生产技术的发展以及因前两个因素引起的一定社会集团和个人收入预期的变化等因素促进制度的创新。而现有法律的活动空间及政策的限制，使得新旧制度的替代需要时间。制度上新的发明是一个困难的过程，暂时的制度均衡局面等因素会妨碍新一轮制度创新的产生。制度创新就是制度均衡—制度失衡—制度创新这样一个循环往复的过程。

制度本身与制度环境之间的矛盾构成制度的外在矛盾。作为矛盾的双方，制度与其环境之间既相互统一又相互斗争。在初始制度安排运行的早期阶段，制度与其环境之间的相互适应是制度运行的主要方面，制度在运行过程中与其环境之间的摩擦和阻力较小，运行比较顺利，交易成本较低，制度的需求者对该项制度安排或者感到满意而无意改变，或者虽有些不满，但其力量不足以改变原制度状态。制度供给者只要采取某些补救和完善措施，就能保证制度需求者从原制度安排中获得最大的制度利润，制度仍处于均衡状态。但随着制度与其环境之间矛盾的不断发展，两者之间的摩擦不断发生和积累，两者之间的冲突变成了制度运行的主要方面，制度环境对制度运行的阻力不断加大。此时，制度需求者的不满逐渐积累起来，交易成本将会大幅度上升，或者说在此制度安排下，制度需求者所发现的潜在利润越来越明显，越来越多，制度需求者非均衡进一步加剧。由此可见，制度与其环境之间的矛盾进一步加剧了初始制度的非均衡状态，即进一步扩展了对初始制度均衡状态否定的内容。随着制度非均衡状态的加剧，对新制度安排不仅有强大的需求，而且有现实的动机和供给的力量，制度创新得以启动。

外部环境是制度创新模型的因变量，它不仅制约着制度创新的选择集合，而且决定着制度创新的交易费用，从而对制度创新产生直接影响，外部环境的变化使得原有制度框架下的外部利润不断积聚，激励着经济当事人内在化的冲动，一旦行为人发现制度的不均衡和外在利润的存在，就必然产生制度创新的需求。在新制度经济学家看来，制度创新的诱致因素在于经济当事人期望获得最大的"潜在利润"（外部利润———一种在现有制度安排下无法实现的利润，能通过内部环境的改善而获得），是制度创新的动力。法律、政治等某些外在性的变化影响制度环境，也改变着来自制度创新的利润，使得某些集团实现一种再分配或获得现存的外部利润的机会成为可能。

(3) 潜在收益分配的理论基础。

第一，地租理论。依据马克思的地租理论，绝对地租是土地所有权垄断的直接结果，级差地租产生的原因是土地经营权的垄断，而不是土地所有权的垄断。绝对地租是由于农业的技术构成和资本有机构成低于社会资本的平均有机构成，农业产品的价值又经常高于它的生产价格而形成超额利润，在土地所有权垄断的条件下转化而来。目前，"合村并居"项目涉及的土地大部分归农村集体所有。合村居民集中居住后，对其空留下来的原宅基地进行投资整理，耕地质量和农业综合生产能力有所提高，通过土地整理新增的耕地为农村集体带来了绝对地租的总量增长，而在短期和局部范围内对农业的技术和资本的有机构成的影响不是很大。级差地租Ⅰ形成与土地肥沃程度及位置的差异有关，级差地租Ⅱ和在同一块土地上连续投入等量资本所产生的生产率的差别有关，两者实质都是相同投资而产生不同生产率的结果，超额利润是其形式的实体。由于在订立租赁契约时，人们能够对土地位置、质地、生产率的差异有所了解，所以对于级差地租Ⅰ，人们可以较容易地实现地租。级差地租Ⅱ是农户对土地的投资签订契约后实现的，事前无法确定，因而超额利润在租约期归农户所有，且更改租约时则通过增加地租的办法转化为地租。

　　第二，利息和利润论。西方经济学认为，利息是资本的价格，利润是"企业家才能"的收入。依据熊彼特（Joseph Alois Schumpeter）"创新说"的利润理论观点，土地整理带来农业生产要素，诸如土地、农业机械、肥、农药、水、耕作技术等的新组合，是农业生产的创新，而创新可以降低生产成本，使农业生产者获得相比在未整理土地上经营更高的利润。土地具有资源和资产两重性，在商品经济和现代产权条件下，土地资产应是资本的物的表现，在经济核算上应把土地资产作为资金占用来反映。我国实行农村土地家庭承包经营制度，本集体经济组织的农户或本集体经济组织以外的单位或者个人可以成为承包方。发包方与承包方在签订土地承包合同时，承包方通过向发包方交纳土地承包费就已实现了超额利润向级差地租Ⅰ的转化。承包期内，如果政府对土地进行投资整理，会大大提高土地的生产效率，提高农地承包经营者的收入，使土地资产增值。因此，按照"谁投资谁受益"的原则，新组合农业生产要素，获得增值利润，国家投资资本的价格，即利息，应从这部分增值利润中实现。也就是说，由此形成级差地租Ⅱ的超额利润应属于土地整理投资方所有。①

3."合村并居"与潜在收益

面对土地需求的刚性增长，为了守住18亿亩耕地红线，为进一步加强和规范城乡建设用地增减挂钩试点工作，根据《国务院关于深化改革严格土地管理的决定》（国发〔2004〕28号）的规定，中华人民共和国国土资源局于2008年6月27日颁布了《城乡建设用地增减挂钩试点管理办法》，规定城乡建设用地增减挂钩（以下简称"挂钩"）是指依据土地利用总体规划，将若干拟整理复垦为耕地的农村建设用地地块（拆旧地块）和拟用于城镇建设的地块（建新地块）等面积共同组成建新拆旧项目区（以下简称"项目区"），通过建新拆旧和土地整理复垦等措施，在保证项目区内各类土地面积平衡的基础上，最终实现增加耕地有效面积，提高耕地质量，节约集约利用建设用地，城乡用地布局更合理的目标。

"合村并居"的顺利实施能够给中央政府、地方政府、农村集体经济组织、农民以及用地单位等不同的利益相关者带来不同的潜在收益，从而提升其推动的意愿。各个利益相关者的潜在收益将在第二章土地增值收益的分配主体类型中详细阐述。

二、"合村并居"中利益相关者的均衡博弈

分析"合村并居"中利益相关者博弈或动机博弈，需要从组织要素理论方面来切入。

（一）利益相关者内涵及其博弈

1. 利益相关者界定

"利益相关者"的概念是由斯坦福研究所于1963年提出的。这一年，美国上演了一出名叫"股东"的戏，斯坦福大学研究小组受此启发，利用另外一个与之对应的词"利益相关者"来表示与企业密切关联的所有人。

---

① 彭建超，吴群．农地整理后的增值收益分配问题探讨 [J]．农村经济，2006 (4)：27-30．

他们给出的利益相关者的定义是：对企业来说存在这样一些利益群体，如果没有他们的支持，企业就无法生存。虽然这样的界定非常狭义，但毕竟使人们认识到，企业存在的目的并非为股东服务，在企业的周围还存在许多关乎企业生存的利益群体。

1965年，美国学者伊戈尔·安索夫（Igor Ansoff），最早将该词引入管理学界和经济学界，他认为要制定出一个理想的企业目标，必须综合平衡考虑企业的诸多利益相关者之间相互冲突的索取权，他们可能包括管理人员、工人、股东、供应商以及分销商。1977年，宾夕法尼亚大学沃顿商学院（The Wharton School of the University of Pennsylvania）首次开设"利益相关者管理"的课程，表明利益相关者理论已开始被西方学术界和企业界重视。

自利益相关者第一个概念出现至今，其表述有很多，其中弗里曼（R. E Freeman）与克拉克森（Clarkson）的表述最具代表性，而且这两个概念的对比能够说明学术界对此概念界定的趋势。弗里曼认为，利益相关者是能够影响一个组织目标的实现，或者受到一个组织实现其目标过程影响的人，这个概念直观地描述了利益相关者与组织（企业）之间的关系，当然这个概念对利益相关者的界定相当宽泛，股东、债权人、雇员、供应商、顾客这些主体必在此概念界定之内，公众、社区、环境、媒体等可以想到的团体和个人也会对企业活动造成直接或间接，或大或小的影响。克拉克森认为，"利益相关者在企业中投入了一些实物资本、人力资本、财务资本或一些有价值的东西，并因此而承担了某些形式的风险；或者说，他们因企业活动而承受风险"[1]，进一步加强了利益相关者与企业的关联，强调专用性投资，于是一些集体或个人如媒体，便不在利益相关者定义之列。这两个概念的对比表明对利益相关者的界定趋于具体化和集中化。

国内学者贾生华、陈宏辉对利益相关者界定的研究有一定代表性，他们认为"利益相关者是指那些在企业中进行了一定的专用性投资，并承担

---

[1] 付俊文，赵红. 利益相关者理论综述 [J]. 首都经济贸易大学学报，2006（2）：16-21.

了一定风险的个体和群体，其活动能够影响该企业目标的实现，或者受到该企业实现其目标过程的影响"[1]。这一概念既强调专用性投资，又强调利益相关者与企业的关联性，可以说是克拉克森更为清晰地阐述了这一概念。尽管利益相关者理论产生于公司治理领域，但对任何具有利益关联的系统的组织体系建设均具有重要的借鉴意义。

"合村并居"利益相关者及其诉求。"合村并居"中宅基地置换是一项系统工程，涉及城市与乡村、上级与下级、政府与民间、商业与非商业多方面的利益。利益是社会领域中最普遍、最敏感，同时又是最易引起矛盾的问题。正如恩格斯所说，一个社会的经济关系首先是作为利益表达出来的。当前宅基地置换中相关利益主体分配关系严重失衡，导致置换过程中利益冲突的加剧，从而严重影响到经济的发展和城市化进程的推进，影响到社会的稳定，进而影响到我国和谐社会的构建。

"合村并居"的利益相关者主要包括农户、村委会、集体经济组织、镇政府及区政府、土地开发公司、房地产开发商和其他非政府组织以及中央政府等。其中，地方政府（含各下属部门）包括省政府、区政府、县政府和镇政府等。中央政府、地方政府、农村集体经济组织（农民）以及土地开发公司和房地产开发商属于直接利益相关者，而其他部门和居民则属于间接利益相关者。这些利益相关者呈现多主体化和多层次化，相互利益关系较为复杂。影响"合村并居"推进的四个主要利益相关者，各自的利益需求不同，"合村并居"推进的影响方向和程度各不相同：中央政府可通过制度创新保证其利益的实现；各级地方政府是"合村并居"推进的主导性力量，可通过政府的政策法规的调控来保证其利益；农村集体经济组织（农民）是推动"合村并居"实施的重要因素，其利益也应在"合村并居"中得到体现；土地开发公司和房地产开发商介入"合村并居"项目，能够实现农村建房的工业化流程，造就规模效应，有利于降低建房成本。其利益诉求如下表1-1所示。

---

[1] 贾生华，陈宏辉. 利益相关者的界定方法述评 [J]. 外国经济与管理，2002（5）：13-18.

表1-1 主要利益相关者诉求

利益相关者	利益表达
中央政府	确保18亿亩耕地红线，获得综合收益
地方政府	改善所在省份农民居住环境，提高政绩
农村集体经济组织（农民）	建立宜居环境，提高生活质量
土地开发公司和房地产开发商	获取投资回报，使投入资金保值增值

2. 利益相关者的博弈及其三类关系

（1）利益相关者的博弈。博弈是青木昌彦研究制度变合理论的主要工具，利益集团间是否达成一致同意，影响制度创新的速度、成本，从而决定更加有效的制度创新能否发生。假定组织决策的总成本为零，那么，只有在全体一致同意规则占主导地位时，亦即只有当群体的所有成员都必须在采取行动之前先达成一致同意时，个人所预期的来自集体行动的外部成本才表明已被最小化。[①]

新制度经济学派的学者们研究了利益相关者之间的博弈对制度改革的影响过程，提出制度演进的方向与社会中利益相关者之间的博弈过程有关。他们认为，制度变革的方向与一个社会中利益相关者之间的博弈过程及结果相关。由于利益集团的效用函数不同，所以不同的利益集团会倾向于不同的制度方案，这会导致利益集团之间的博弈，制度变革就是在这种博弈中得到推进的。利益集团作为制度创新的主导力量，没有进行微观创新的行为，就根本不可能出现有效的制度变合。利益集团通过竞争、博弈传递信息，储备知识，从而不断优化制度结构。任何制度变革都会影响到利益集团的切身利益，因此，利益集团将会努力寻找风险最小、成本最低的制度创新路径。制度均衡的根本意义在于它实现了各利益集团之间的利益均衡，达成了各利益集团之间的妥协。

（2）利益相关者博弈的三类关系。根据利益相关者之间的博弈关系，

[①] [美]詹姆斯·M.布坎南，戈登·塔洛克.同意的计算——立宪民主的逻辑基础[M].陈光全，译.北京：中国社会科学出版社，2000：205-208.

<<< 第一章 相关概念界定及一般理论逻辑

可将其分为独占性利益集团、阶段相互博弈利益集团、利益分享上均衡的利益集团三类。这三类与可以将制度变合的整个过程分成制度停滞、制度创新和制度均衡三个阶段息息相关。①

第一类为独占性利益集团。某些特殊利益集团的出现,是由于此时制度陷入停滞状态。这些利益集团为了攫取超额垄断利润,会主动寻求政府的帮助,推动政府进行管制。这些利益集团不会产生社会财富增量,而是尽可能地占有社会财富存量。这种集团可被称为独占性利益集团。独占性利益集团使整个社会长期陷入僵滞状态,制度的收益因此依次递减,这些集团直接的收益也逐渐递减,现有制度开始发生危机,不能使外在收益内在化,从而为新制度的出现提供了条件。

第二类为阶段相互博弈利益集团。制度创新阶段,也是利益集团相互博弈阶段。一个制度的出现并不是一个利益集团孤立行动的产物,而是在不同集团之间讨价还价、相互博弈的结果。由于各个利益集团的效用函数不同,对同一个制度方案也会有不同的评价,并根据自身利益最大化的原则确定制度变合的目标和方案。在制度创新阶段,经过多次博弈,出现了创新型利益集团,创新型利益集团的行动是一个帕累托改进过程,通过制度创新,独占性利益集团也通过该制度创新获得了收益,从而开始推动这种制度创新。上述过程伴随着冲突、谈判、牵制、妥协等大量的博弈活动。从制度变迁的全过程来看,这种活动有时是目标明确的,有时则并不一定具有明确的目标。在这一过程中,交易费用始终伴随着博弈活动而产生。不管是创新型利益集团,还是独占型利益集团,无论是相互说服对方,还是积极推进或尽力阻止变革的发生,都会受到交易费用的约束。当交易费用增加到一定程度,这些活动就会变得不经济,利益集团就会重新调整自身行为。因此,在这一阶段,利益集团处于相互博弈状态。

第三类为利益分享上均衡的利益集团。各利益集团利益分享上的均衡,也就是从增量意义上讲的社会收益大大增长,形成了新的制度规则,

---

① 程虹. 制度变迁的周期[M]. 北京:人民出版社,2000:101-167.

在收益上较原有制度有了根本性改变。当博弈活动进行到一定程度，受到交易费用的约束，采取新的行为不再经济时，就不会有新的博弈活动发生。利益集团之间的力量达到均衡，各利益集团调整自身目标达成妥协，于是博弈活动达到一种相对稳定的均衡状态，这种稳定状态实际上也就是指各个制度博弈主体在制度变合过程中的某一时点处于一种力量上的均衡状态，是利益集团博弈的均衡结果，也是各集团最优战略选择的集合。

（3）利益相关者博弈与"合村并居"。"合村并居"的推进取决于中央政府、地方政府、农村集体经济组织以及农民这些利益相关者之间的利益博弈。利益相关者的地位和影响不同，决定了"合村并居"的博弈是一场不平等的博弈。中央政府和地方政府在地位和影响方面具有其他利益相关者不可比拟的优势，它们不仅对制度方案具有选择权，而且可以支配或影响其他利益相关者的行为，从而决定了这两个集团都可以成为制度变合的主导集团，当中央政府退出主导集团的地位时，地方政府会取而代之，成为主导集团。基层干部是农村事务的决策者，可以影响微观的制度安排，并可能因此而促进制度变迁。农民由于人数众多，影响巨大，而且是生产活动的主体，当他们采取一致行动时，也可以成为主导利益相关者。但在现实中，由于农民的分散和无组织，他们往往处于弱势的地位，很难成为主导利益相关者，其经济和权益往往得不到保障。因此这场博弈势必引起农村经济组织和农民的强烈反对，社会不稳定因素在增多。为了社会的稳定和谐，这场博弈主导者会根据博弈情况，进一步调整和完善制度方案，使其他利益相关者在收益上较原有制度发生很大改变，直到各方利益达到帕累托优化，促进制度均衡。

通过对"合村并居"利益相关者的分析，可知"合村并居"是在利益相关者的相互博弈中得到推进的。"合村并居"推进的关键在于设定一个机制，通过利益相关者的利益调整，使得他们形成和谐的聚合力，推进"合村并居"的实施。

三、动力系统因素的耦合程度——"合村并居"的综合驱动力

分析"合村并居"由内生动力源和外生动力源耦合而成的综合驱动力,需从系统要素理论方面切入。

(一)内源性发展理论和外源性发展理论

1. 内源性发展内涵及其基本特征

(1)内源性发展内涵。内源性发展又称为内发发展,最初以文本形式提出是在1988年联合国教科文组织编的《内源发展战略》一书中。书中指出,内源发展的首要含义是:尊重文化的同一性和各国人民享有自己文化的权利。在经济上的考虑和把发展归结为数量上的增长长期居于统治地位以后,人类恢复了自身的中心地位,人类既是发展的动力,又是发展的目的。它又补充说明:"内源的和以人为中心的发展有两个基本要求:在形式上,发展应该是从内部产生的;在目的上,发展应该是为人服务的。在发展的进程以及发展的目的,以人为重点的必要性得到承认以后,还应该给人、人的本质和目的、人的需要和资源下定义,这是一项非常艰巨的任务。"[①] 早在1976年日本学者鹤见和子在日本首先倡导"内发性、自生性发展论"。在1996年3月首次发行鹤见和子的《内発の発展論の展開》一书。他在书中综述了一些学者的论述,这些学者大多数从经济视角考虑,最后他提出了自己对内发性发展的定义:"内发性发展是指实现人类共通目标的一种途径、模式及其形式多样的社会变化过程。"[②] 上述表述是国内外比较经典和被大多数学者所公认的内源性发展理论的基本界定。

一是有机性。社区发展的有机性是社区内源性发展的第一特征。这里所说的有机性,是指社区发展的广泛性和渗透性。其一层含义是,社区发展的波及面非常广泛,它包括经济、文化、教育、公益、道德、卫生以及规划诸方面,不只是社区的某一个层面或某一个环节。它是"社会生活的

---

① 联合国教科文组织. 内源发展战略[M]. 北京:社会科学文献出版社,1988:16.
② 滕燕华. 内源性发展理论视角下的上海农村经济生活结构研究——以崇明县FJ村为例[D]. 上海:华东师范大学,2010:3.

各方面都密切地相互关联形成的一个整体",是"一个社会功能和社会结构二者合并起来的社会体系"。其另一层含义是指社区的发展渗透于整个社会机体之中,并内化为广大社会成员的行为。也就是说,社区发展通过其本身的功能整合,成为现代社会机体的一个不可分割的有机组成部分,而且社区的发展与社会成员基本需要相吻合,并逐渐成为其生活、行为、观念中不可缺少的部分。只有重视发展政策和发展项目的集体或文化特性,并把人民大众从其自身发展的旁观者变成参与者,才能实现发展的内源化。联合国1955年《通过社区发展促进社会进步》的基本原则中也提出,"制订全国性的社区发展计划必须有完整的政策,行政机构的建立、工作人员的选拔与训练、地方与国家资源的运用与研究、社区发展的实验与考核机构的设立都应逐步配套地进行"[1],地方性的社会经济进步要与全国发展计划互相结合,协调进步。所以,社区发展本身是一个由各个环节、各个层面共同组成的有机整体。在这个整体中,各环节各层面之间相互制约、相互依赖、相互促进,而不是单纯由经济决定或者由文化影响。

二是自然递进性。社区内源性发展的这一特征,是与有机性特征密切相关联的。一旦社区的有机性大致生成,那么,社区的发展就走上了自然递进的轨道。因为有机性特征的含义本身决定了社区成员之间的关系不是静止和封闭的,而是不断发展变化的。"现在的社会不是坚实的结晶体,而是一个能够变化并且经常处于变化过程中的机体。"这种发展和变化最直接的结果是导致社区范围的不断扩大和社区意识的不断增强。在社会发展的一般规律中,这种"内生因才是其原本的推动力量"。我们之所以将其定义为内源性发展,正是因为自然递进性促使社区机制的内在成熟并且内在地给社区成员以向现代化目标迈进的原始能量。无数事实说明社区的发展是与社会的发展相匹配的,正是这种自然递进性渗透到社会发展中,使社会发展产生由简单到复杂、由浅到深这样一个递进过程。正如罗荣渠先生所言,"整个世界发展的过程的总趋势是沿着自发性—意向性—主体

---

[1] 联合国. 通过社区发展促进社会进步 [M]. 联合国社会局出版,1995:175.

性能动地向前发展",社区内源性发展具备同样的道理。

三是公共参与。2010 年法国学者 Mark Shuck Smith 在 *Endogenous Development , Social Capital and Social Inclusion*：*Perspective from Leader in the UK* 一文中指出了内源性发展较早尝试的一个相关难点是要确保在发展过程中所有本地居民的充分参与。通常情况下，农村的领导者是在农村地区发展过程中占主导的当地知名人士，这样就排除被边缘化的个人和团体。他的论述具有批判性，批判了极端的内源性发展只会给领导者带来社会资本和绝对权力，那对于发展是不利的，从而将边缘群体忽略在外，不让他们发挥民主权利。在文章中，他还特别指出内源性发展并不是所谓的"封闭的"，它应该与外部世界有一定的联系，唯一与外源性发展相区别的是，内源性发展不受外部因素的控制。因此，为了防止领导者在农村发展过程中的集权行径，有必要把公民参与纳入内源性发展理论中，否则内源性发展就失去了初衷。

四是内源式发展与内生动力系统。内源式发展是系统自我发展的重要理论，它强调培养系统内部居民良好的文化意识，形成归属感和共同体意识，本着互助与合作精神，通过参与，依靠系统的力量，有机整合与协调有利于系统发展的内外部资源，发现和解决系统问题、改善系统环境、提高系统质量，最终促使系统经济、社会文化等方面综合发展。内源式发展即系统自我发展能力是"合村并居"的内源性动力，在一定区域内，它决定了内生动力系统是否具有活力，其水平高低主要取决于内生动力系统固有的资源环境条件，组成内生动力系统的各因素之间的关系。在某种程度上，直接制约着整个动力系统能否可持续运转。本文第四章将构建"合村并居"的内生动力系统、外生动力系统的模型，论证由内生和外生动力系统构成的综合驱动力的层次性，在这里不再赘述。

2. 外源性发展理论及其基本特征

（1）外源性发展的概念。外源性发展是指系统的发展主要依赖外部条件，依赖外部资金、技术、市场和人才的直接参与，主要通过持续大规模地利用外部资源来推动系统发展的过程。其核心是依靠外部资源获得系统发展。其特征主要有以下几点。第一，起点低、起步快，资源配置空间大，这是欠发达地区实现追赶型目标的主要方式。林毅夫、李永军二位学者应用需求导向的分析方法，对"外贸对经济增长的贡献程度"进行了实证分析，结果表明：外贸出口增长10%，将导致我国国民经济增长1%。外源性发展资源配置空间大，发展速度快。但受外部影响较大，主动权不掌握在行动主体自己手里，发展不稳定，抗风险能力弱，在利益分配方面行动主体不是利益主体，行动主体弱势一方利益容易受到侵害。第二，外源性发展并不降低系统的生产效率，在某些地区甚至会带来生产效率的突破，社会的整体利益大幅提高，会带来行动主体收益的绝对提高，但就行动主体本身来说，相对利益则明显降低。第三，外源性因素参与系统活动一般与利益挂钩，参与利益的分配，以利润最大化为其根本目的，参与利润分配的主体明显增加，而且占据利益分配主导权，系统利润将以更大的比例外流。

（2）工业化驱动理论。工业化的驱动理论是外源性发展理论的一支。20世纪40年代经济学的创始人之一张培刚先生，第一次提出了农业国工业化理论。这一理论详细论证了工业化对农业生产和对农村剩余劳动力的驱动作用。张培刚认为，产业革命后，工业发展对农业的影响显然大于农业发展对工业的影响；工业化过程中，农业生产规模也必然会有所扩大，但农业生产的增长速度低于制造工业的增长速度。他还具体指出：一个农业国或欠发达国家，只有当工业化进程达到相当高的阶段，农业生产总值和农业劳动者总人数占全国的比重都达到1/3到1/4时，这个国家才算实现了工业化，成为"工业化了的国家"[1]。

该理论的提出在国际发展经济学界产生了广泛的影响，后来的很多西方发展经济学家重复和发展了该理论的基本观点。美国学者刘易斯（William Arthur Lewis）开创了经济发展的二元结构分析，他认为工业化过程是传统农业部门的缩小，以及以现代工业为主的现代经济部门的扩张过程。此后

---

[1] 张培刚. 工业化的理论 [J]. 社会科学战线，2008（7）：221-228.

费景汉—拉尼斯模型、乔根森模型和托达罗模型在刘易斯模型的基础上，对工业化过程中的农业发展进行了研究，认为工业化的过程不仅表现为农业部门的缩小和工业部门的扩张，还表现为农业部门自身的发展问题。工业化是城市化的前提，如果没有工业化特别是大工业化，就不可能出现城市化。

（3）工业化驱动与外生动力系统。由于工业化和城市化是影响现代化进程的主要因素，而"合村并居"是我国现代化进程中的一段历程，因此，工业化和城市化作为外源驱动力是外生动力系统的动力源。工业化的驱动力是外生动力系统的动力源。其内容和大小具有明显的时空差异性，方向有正向和负向之分。譬如，苏南凭借雄厚的经济实力，以工业园区开发、项目带动等外源驱动的形式推动着"合村并居"顺利进行。与苏南相比，作为欠发达地区的苏北，工业化水平低，远离大城市和交通干线，在合村并居的推动上明显缺乏外源驱动力。外生动力系统除此之外，还包括国家政策、区域政策以及基层制度等政策动力子系统、当地政府执行力子系统和社会参与力量子系统等，各种外生动力子系统相互作用、相互影响，共同推动外生动力系统的运转。

与内生、外生动力系统的各子系统之间，不断进行各种能量交换一样，"合村并居"中内生、外生动力系统也相互影响、相互制约和相互作用，内生动力系统和外生动力系统如同内因和外因的辩证关系一样，对事物的发展变化所起的作用也是不一样的。其中，内生动力系统是事物发展变化的根据，它规定了事物发展的基本趋势和方向；外生动力系统是事物发展变化不可缺少的条件，有时外生动力系统甚至对事物的发展起着重大的作用；外生动力系统的作用无论多大，都必须通过内因才能起作用。两者形成了"合村并居"的综合驱动力，推动着"合村并居"的实施。"合村并居"能否实施，要根据我国不同农村地区的内生和外生动力系统的聚合状况而决定，既不能一概肯定，也不能一味否定。

四、本书分析框架:"合村并居"动力机制的逻辑构成

潜在收益是"合村并居"的外部环境,内生和外生动力系统的聚合是"合村并居"推进的重要条件,利益相关者在这个外部环境中,重要条件下进行相应的行为决策,进而推动"合村并居"实施。

首先,外部环境变化产生潜在收益。制度变革源于外部环境的变化。外部环境的变化导致潜在收益的产生,主要来自外部环境中经济体制、意识形态等决定性因素的变化会改变制度选择集合,从而产生潜在收益,潜在收益的出现是造成原先的收益均衡产生变化的动力因素,进而反馈给原来的制度约束。这是"合村并居"推进的原因所在,即动力源头。

其次,内生、外生动力系统的聚合是"合村并居"能否顺利推进的条件。如果内生动力系统动力源即农村的自我发展能力弱,表现为其经济子系统中的近期动力、远期动力、直接动力、间接动力以及内驱力缺乏活力,呈弱化趋势;而外生动力系统中的地方政府的执行力很强劲,呈现强化趋势,结果内生、外生动力系统的聚合力就会变得扭曲,"合村并居"就会违背农村居民意愿,在地方政府主导下进行,社会的干群关系就会紧张,社会的稳定就会成为问题。因此,内生、外生动力系统聚合的和谐与力度是"合村并居"推进的前提条件。

最后,潜在收益的内化的动力对原制度约束的反馈,引发了不同利益相关者之间的博弈。外部环境变化导致潜在收益产生后,相关利益集团就会开始行动以内化潜在收益。中央政府、地方政府、基层干部、农民和相关经济组织的利益取向并不相同,而他们都会在外部环境的约束下,按照自身利益最大化的原则确定制度变合方案,并积极采取行动推动方案的实施,这决定了利益集团之间必然要展开博弈。面对潜在收益,这些利益集团都会从自身利益出发,进行制度方案的设计和选择。当不同利益取向、不同的制度方案在实施过程中遇到冲突时,博弈活动就会展开。

利益相关者的地位和影响不同,决定了"合村并居"的博弈是一场不平等的博弈。中央政府和地方政府在地位和影响方面具有其他集团不可比拟的优势，可以支配和影响其他集团的行为，从而决定了这两个集团都可以成为制度变合的主导集团，当中央政府退出主导集团的地位时，地方政府会取而代之，成为主导集团。基层干部是农村事务的决策者，可以影响微观的制度安排，并可能因此促进制度变合。农民由于人数众多，影响巨大，而且是生产活动的主体，当他们采取一致行动时，也可以成为主导集团。但在现实中，由于农民的分散和无组织，他们往往处于弱势的地位。

"合村并居"区别于一般制度变迁的最大特点在于博弈活动主要是在地方和中央利益相关者集团主导下进行的。他们不仅对制度方案具有选择权，而且可以支配或影响其他利益相关者的行为。地方政府主导的特点在博弈过程中还表现为，它们会根据博弈情况，进一步调整和完善制度方案，促进制度均衡。由于博弈活动的边际效用递减，当边际效用达到零的那一点，就不会再有新的博弈活动发生，制度变革就宣告完成。

在新的制度均衡的约束下，各利益集团为了利润均衡再次进行博弈，重新分配现有的利润。在此之后各利益集团将等待下一次外部环境的变化，从而引起新的循环。

将潜在收益，内生、外生动力系统的聚合以及博弈理论用于解释"合村并居"推进的动力，有助于认识"合村并居"的潜在收益如何产生、内生和外生动力系统如何聚合以及利益博弈如何达到均衡的过程，从而在实践中巩固"合村并居"的成果。这个框架给出了"合村并居"推进的动力因素、前提条件、过程和结果的动力机制所包含的因素，构建了潜在收益，内生、外生动力系统的聚合以及在外部环境激励和约束下的利益相关者博弈过程的一般分析框架。与此相对应，本书第二章、第三章、第四章将详细分析我国"合村并居"的潜在收益，内生、外生动力系统的综合驱动力以及利益相关者的利益博弈，与第五章进行的实证分析以及第六章提出的激活"合村并居"动力机制政策建议形成一个结构清晰、逻辑严谨的框架。

小 结

本章以乡村振兴战略为背景,梳理了"合村并居"推进的相关概念及理论基础。首先,对乡村振兴战略、"合村并居"的内涵、动力、动力机制等内涵进行了界定;其次,对"合村并居"动力机制的理论逻辑,主要包括"合村并居"的动力源(潜在收益)、动机博弈(利益相关者的均衡博弈)、综合驱动力等进行了梳理;最后介绍了本书的写作框架——"合村并居"动力机制逻辑结构。

"合村并居"推进是各种动力共同发挥作用的结果。按照新制度经济学的观点,潜在收益的出现导致制度创新发生,这是"合村并居"的一个动因;按照动力系统学的观点,事物发展得好坏主要取决于内生、外生动力系统的聚合,这是"合村并居"得以顺利推进的一个动力条件;从博弈论的角度看,由于"合村并居"推进涉及多个利益相关者,他们之间为获取潜在收益而进行的博弈过程,实际上也是"合村并居"的一个动力过程及结果。

第二章

"合村并居"潜在收益分析

第一节 "合村并居"潜在收益产生的背景

一、我国城市建设用地供需矛盾突出

据2020年开展的第七次人口普查数据显示,我国城镇人口为9.02亿,占全部人口的63.89%。与2010年第六次全国人口普查相比,增加2.36亿,且仍在继续增加。"十四五"时期可突破65%的城镇化率,城乡之间因此还将呈现出大迁徙大流动的基本格局。城镇人口的增加与城市化的快速推进带来城镇面积的急剧扩张。

2021年7月2日,农业农村部、国家乡村振兴局等十二部门印发《关于支持国家乡村振兴重点帮扶县的实施意见》,规定对列入重点帮扶县的,每县每年安排600亩新增用地指标,而实际上每年需用地1200万亩,规划控制指标并没有起到应有的调控作用。这些地区农民建新房难以获得用地指标,且部分城市建设项目也因土地供需矛盾十分突出而处于"等待落地"阶段。

面对我国严格的耕地保护制度与城市建设用地不足的尖锐矛盾,出路是通过"合村并居"行动复垦大量宅基地增加耕地面积,弥补增加的建设用

地面积。《全国土地整治规划（2016—2020年）》（以下简称《规划》）。《规划》分析了"十三五"时期土地整治面临的形势，明确了未来五年土地整治工作的指导原则，从高标准农田建设、耕地数量质量保护、城乡建设用地整理、土地复垦和土地生态整治、土地整治制度和能力建设五方面提出了规划期土地整治的主要目标，确定了九项控制指标，明确了实施藏粮于地战略，大力推进农用地整理；围绕美丽乡村建设，规范开展农村建设用地整理；落实节约优先战略，有序推进城镇工矿建设用地整理；贯彻保护环境基本国策，积极推进土地复垦和土地生态整治；突出区域特色，分区分类开展土地整治五方面重点任务，并对资金和实施保障提出了要求。

二、我国面临岌岌可危的耕地红线压力

我国现有14亿人口，有户籍的农民至少有5亿，未来30年，人口高峰将达到15.5亿以上，即使保留4亿~5亿农民，也有6亿~7亿农民要进城成为市民，基础设施建设、工业化和城市化占地至少还需要1亿亩。另外，我国村庄分散，土地占有量大，利用率低。据调查表明，小城镇、乡集镇的扩容以及农村个人建房所占用的土地是大量的。从人均占有建设用地看，村庄为154平方米，集镇为164平方米，建制镇为129平方米，设市城市为58平方米，乡镇工业的人均用地是城市工业的10倍以上。而农民个人建房宅基地占地0.25亩以上的高达49.92%，最大的竟达1亩左右，土地使用过多，与我国土地资源短缺的形势有很大的矛盾。居民点占用大量的耕地，使得我国的耕地面积日趋紧张；户籍制度和土地制度的限制和农民的乡土情结又使得"离土不离乡"成为普遍情况。一部分农民转向从事非农业生产，进入小城镇居住，但不愿放弃农村住宅和耕地，造成耕地荒废，宅基地浪费。还有一些市民回乡建房，农村村庄建设用地并未随着农民进城而减少，相反却日益增加，造成农村新增宅基地的面积远远大于小城镇建设的新增用地面积。基础设施建设要占地，工业化要占地，城市化要占地，新农村建设还要占更多的地。

珍惜、合理利用土地和切实保护耕地是我国的基本国策。我国政府虽然实行了最严厉的土地管理与耕地保护制度，但耕地面积仍呈逐年下降趋势，据"十四五"规划数据，2020年全国耕地面积19.18亿亩，而2020年5月，我国人口为14.12万亿，人均耕地面积只有1.36亩，不及世界人均耕地的一半。如果再考虑地方政府违法圈占土地，则我国面临的耕地保护形势会更加危急。仅从中央政府发布的统计数据来看，我国18亿亩耕地保护的红线已经岌岌可危，而各地地方政府为了本地经济发展和扭曲的政绩考核、升迁机制，却大量地违法圈占土地。就整体趋势看，耕地仍将继续减少。[①]

三、"增减挂钩"与"合村并居"政策的出台及演变

《国务院关于深化改革严格土地管理的决定》（国发〔2004〕28号）是促进农民"合村并居"初期政策探索产生的国家关键政策，该政策首次提出"鼓励农村建设用地整理，城镇建设用地增加要与农村建设用地减少相挂钩"，即将城市化建设的土地扩张需求与农村的建设用地整理进行指标挂钩，城市获取工业用地指标的方法从原有的占补平衡政策中的整理耕地转变为整理农村建设用地，这一背景下上海、江苏等经济发达地区建立在已有类似实践基础上的农民集中居住政策思路应运而生，政府通过政策手段引导农民集中上楼，从而获取宅基地占用的农村建设用地份额，进而以指标挂钩形式获取城市扩张需求的土地份额，该过程中政府推进城市化工业化与农村规划工作的同时可以获得大量土地财政收入，此阶段因其地区性和探索性可称为政策的探索阶段。2009年起政策进入推广阶段。2008年6月《城乡建设用地增减挂钩试点管理办法》（国土资发〔2008〕138号）提出试点省份可因地制宜制定具体实施办法，提出土地增减挂钩政策试点的条件放宽及规模扩大。其后一年间，国土资源局又将"土地增减挂

---

① 魏后凯，黄秉信，李国祥，等. 农村绿皮书：中国农村经济形势分析与预测（2019—2020）[M]. 北京：社会科学文献出版社，2020：15.

钩"政策试点省份扩增到24个,"土地增减挂钩"政策的条件放宽和试点扩大,在很大程度上推动了农民"合村并居"政策的全国性扩散和推进。

2012年12月31日《中共中央 国务院关于加快发展现代农业 进一步增强农村发展活力的若干意见》(中发〔2013〕1号)出台,该政策为解决部分地区于农民"合村并居"政策规模性推进阶段出现的危害农民意愿和利益的问题,首次提出"农村居民点合建和村庄撤并,必须尊重农民意愿,经村民会议同意。不提倡、不鼓励在城镇规划区外拆并村庄、建设大规模的农民集中居住区,不得强制农民搬迁和上楼居住"。因此2013年起的政策数量和政策强度曲线变化明显,农民集中居住政策进入调整时期。在该政策的约束和引导下,各省份农民集中居住政策的数量明显减少,累计政策强度增速显著降低。直到2020年7月9日,《自然资源部 农业农村部关于保障农村村民住宅建设合理用地的通知》(自然资发〔2020〕128号)中两部门重申了上述政策原则:"充分尊重农民意愿,不提倡、不鼓励在城市和集镇规划区外拆并村庄、建设大规模农民集中居住区,不得强制农民搬迁和上楼居住。"2021年1月《中共中央 国务院关于全面推进乡村振兴加快农业农村现代化的意见》(中发〔2021〕1号)中"编制村庄规划要立足现有基础,保留乡村特色风貌,不搞大拆大建……乡村建设是为农民而建,要因地制宜、稳扎稳打,不刮风搞运动。严格规范村庄撤并,不得违背农民意愿、强迫农民上楼"的政策话语更是对农民集中居住相关政策进行了严格约束和限制,在此政策背景下各省份进入集中居住政策转型时期,相关政策内容及政策态度显著调整,政策数量及累计强度增速进一步降低。对于"合村并居",2023年中央一号文件有三个新要求。第一,通过"一户一田"化零为整,达到盘活存量集体建设用地的目的。众所周知,农村现在的人口现状是两多两少,也就是老人多、孩子多,年轻人少、中年人少。究其根本就是在农村种地赚的钱不足以养家致富,所以中年和青年都拥向城市,打工赚钱。农村的劳动力也就随之呈现出了大缺口的现状,农村的空置宅基地也屡见不鲜。而合村并镇,"一户一田",可以实现小田并大田,达到盘活存量集体建设用地和限制宅基地的目的，合理利用，优化资源配置。第二，严厉禁止违背农民的意愿撤并村庄，搞大社区。初心不改更不能忘，不管是哪一个惠民利民的发展措施，都不能违背农民的意愿。《中共中央 国务院关于做好二〇二三年全面推进乡村振兴重点工作的意见》里就有明确的内容要求，优化乡村地区行政规划设置，加强村庄的规划建设，但是严禁违背农民意愿撤并村庄，搞大社区。第三，大拆大建要防止出现。中央一号文件中明确了防止大拆大建和盲目建牌楼、亭廊以及"堆盆景"。农村地区和城市地区存在着很多的不同，建设农村要根据农村地区的特点，更要结合农民的实际需求。农村是广大农民居住和劳动的地方，也就是说建设农村的措施要考虑到老百姓的生活需求和劳作需求，村容村貌整洁有序、干净规范的同时，也要方便农业生产的各个环节，比如，农具、农机的存放。

第二节 "合村并居"的潜在收益

一、"合村并居"的社会收益

"合村并居"的潜在收益分为社会收益和土地增值收益，其社会收益具体表现为：

（一）促进农村现代民间借贷扩张[1]

"合村并居"的顺利推进，能给社会带来巨大的潜在收益，其主要表现就是有利于推动我国的农村现代化进程，减少农村信用社的惜贷现象[2]，推动农村基层组织民主化。同时这场行动还有利于普及现代化基础设施并且能够提高土地利用效率。

---

[1] 韩秀兰. 论"迁村并居"与农村民间借贷的扩张 [J]. 理论探索，2012（04）：98-100.
[2] 韩秀兰，阚先学. 农村信用社"惧贷""惜贷"的破解思路 [J]. 理论探索，2011（2）：72-74.

1. 降低交易费用

"合村并居"使农村居民由原来的分散居住改为集中居住，在很大程度上使得他们的人际关系网络由强关系网络向弱关系网络转变。这种转变有利于促进农村民间借贷资本要素的合理流动和配置，使得以利益为核心的、理性化的人际关系为基础的有息或高息甚至高利贷的民间借贷变得日益活跃，不断增强民间借贷的经济功能，增强农村金融对农民消费的拉动作用[1]，从而助推现代农村民间借贷的扩张。

融资活动是一种虚拟的、跨时期的交易行为，是当前的现金流量和未来一系列现金流量的交易，因而交易中的不确定因素越多，资金供给者所承担的风险也就越大。要减少金融交易中的不确定性，降低金融风险，确保资金的安全，就是要尽量减少交易产生的交易费用。交易费用=信息费用+实施监督费用+保险费用[2]等。其中，信息费用是指交易中用于搜集信息的费用；实施监督费用，是指金融交易双方为了使对方不侵害自己的利益，监督对方机会主义行为而产生的费用；保险费用是指在金融交易中，理性的交易者为减少信息不对称给自己带来的损失，以使金融资产保值而要求对方支付的费用。

"合村并居"形成的"多村一社区"的居住结构，使得农村居民的居住更加集中和紧凑，有利于有息或高息甚至高利贷的民间借贷的交易费用的降低。首先，由于农村民间借贷的供给者和需求者的居住空间由原先的分散、稀疏，变得集中和紧凑，他们居住在同一个社区，有的隔着几栋楼，有的在一栋楼居住，有的甚至是邻居。民间借贷的供给者搜寻其客户的信息，只需通过相关的亲戚、朋友、同学以及左邻右舍就能了解清楚客户的资信、资产经营状况、预期收入、收入状况、还款能力、风险健康等，不用花费很大的成本。其次，由于居住空间的集中、紧凑，只需在本社区内多访问、多调查、多观察，就能对信息进行甄别，无须太多成本。

---

[1] 韩秀兰，阚先学. 山西省农民消费需求与农村金融发展关系的实证分析 [J]. 安徽农业科学，2009, 37 (12): 5692-5693.

[2] 姚传娟. 民间金融发展的制约因素及对策建议 [J]. 时代金融，2020 (17): 13-14.

再次，随着"合村并居"形成的"多村一社区"结构的出现，农村现代化中的信息化水平也越来越高，因此，民间借贷的供给者完全可以借助现代信息交流工具，随时随地了解需求者的状况，在"多村一社区"的地区信任不充分问题并不严重，这基本上防止了民间借贷供给者和需求者之间由于信息不对称而引发的道德风险和逆向选择问题的发生。这大大降低了民间借贷供给者为防范需求者发生道德风险而采取预防措施而产生的大量信息费用、实施监督费用。最后，由于民间金融供给者和需求者的信息相对对称，民间借贷供给者为资产保值而要求需求者支付的保险费用也不高。总之，"合村并居"形成的"多村一社区"的居住格局，降低了供给者在决定发放贷款之前、之中和之后都要产生的交易费用。

2. 拓展借贷的规模和范围

"合村并居"形成的"多村一社区"的居住格局，打破了原先的以血缘宗族为特征的居住方式。除了原先的血缘、亲缘关系外，商缘关系、业缘关系、友谊关系等非亲缘和地缘关系开始在社会网络中占据越来越重要的地位。"合村并居"后新建农村社区居民人口增多，居民职业的非农化以及专业合作组织、工业园等的许多融资新项目，扩大了借贷的规模和范围。"合村并居"是5~7个行政村村民的集中居住，其人口数量是原先行政村的5~7倍，借贷供给者面对的需求者比分散居住时增加了5~7倍，人们通过非亲缘、地缘关系，彼此间联系结成社会网，由于民间借贷交易费用和交易风险的降低，民间借贷需求者就会比较容易得到贷款，社区内借贷需求者数量就会增多。由于集中居住，社区内借贷供给者数量也会提高，因此，新建农村社区居民人口增多，客观上借贷的需求者和供给者就会增多，有息或高息的民间借贷的范围扩大了。"合村并居"后，农村社区居民中，只有为数不多的人从事农业生产，其他人的职业呈现非农化，相当一部分人跑运输、干个体。他们在创业之初，需要资金的支撑。在人与人的社会关系处于"内核与外围"两极分化的情况下，乡村社会关系的外围已高度利益化，原来非常复杂的乡村社会关系则高度简单化，往日复杂的亲缘、地缘、姻缘关系组成的传统社会支持网络逐渐萎缩，昔日农村形成的各种互助组织不复存在，使得有息或高息甚至高利贷的民间借贷变得日益活跃，借贷的项目大大增多了，借贷的额度增加了，这无疑扩大了民间借贷的规模和范围。"合村并居"中所形成的专业合作组织以及社区的工业园是融资大户，在项目启动时，往往需要大量融资。在社会关系高度利益化的情况下，当需要资金时，他们就会申请有息或高息的民间借贷，无疑扩大了农村民间借贷的规模和范围。

3. 增强契约的履约性

履约就是履行约定，对合同中的甲、乙双方都可以说是行使自己的权利和义务。农村民间借贷需求者的自履约是农村金融秩序良好发展的重要保证。"合村并居"形成的农村楼房产权可做抵押，在某种程度上保障了民间借贷供给者的利益，同时对需求者起一种警惕作用。首先，传统乡村社会的房屋作为农村居民最为普遍的财产，由于其布局的分散性和部分贫困地区房屋的低品质性，其交易性和交易价值较低，不能当作有效的抵押物。但是"合村并居"以后，农村居民的楼房，交易性和交易价值有了很大的提高，可做抵押。住房能够抵押，这是保证民间借贷供给者资金安全最有效也是最简单的手段。当借款者出现违约行为时，民间借贷供给者可通过变卖抵押品来弥补其贷款的损失，这给民间借贷供给者的资金提供了强有力的安全保障。同时，给民间借贷的需求者提出了"有借有还，再借不难；有借无还，再借免谈"的告诫，增强了其自履约性。其次，"半熟人社会"中，好面子的本性以及对前途的顾及，增强了民间借贷需求者的自履约性。传统乡村居住分散，加之法律对农村民间借贷供给者的债权保护力度不大，造成一些借贷需求者信用缺失，他们在向供给者申请贷款时往往提供一些虚假信息，当获得贷款后，即使赚钱了也不愿还贷款，因为虽然是本乡本土，但由于居住分散，也很少打交道，即使见面了也很少"抹不开"。"多村一社区"形成后，民间借贷供给者和需求者同住一个社区，他们之间因商缘关系、业缘关系、友谊关系等非亲缘和地缘关系，交往密切了，打交道多了。有的民间借贷供给者和需求者甚至住在同一栋楼里，成了抬头不见低头见的"半熟人"。如果恶意申请贷款，拖欠贷款，在"半熟人社会"里，借贷需求者在整个农村社区中，就会名誉扫地、难以立足，甚至影响其家人的前途。出于好面子以及为自己和家人前途的考虑，金融需求者在某种程度上，不会背信弃义，借钱不还，增强了自履约性。最后，由于民间借贷供给者和需求者之间的"半熟人社会"关系而非亲缘、血缘关系，所以，一旦发生不归还贷款的情况，供给者不会由于亲情等关系而放弃对贷款的追回。相反，供给者会自发地想尽各种办法，甚至不惜采取各种激进、暴力手段去收回贷款。加之供给者和需求者的居住距离比较近，前者对后者的情况比较了解，就会选择时机收回贷款。这对借贷需求者在很大程度上构成了硬约束，从而大大提高了借贷需求者的自履约性。[①]

（二）推动基层组织民主化

"合村并居"能够消除传统居住格局形成的派系之争、促使新建社区居民积极参与社区政治、推动农村社区自治。具体表现如下。

1. 消除传统居住格局形成的派系之争

旧的村与村、组与组和家族及宗族的传统居住格局容易形成派系之争。传统村庄易结成以家族为纽带的抗争力量，常常酿成难以通过法律途径解决问题的群体性事件，甚至发生流血冲突，经常引发公共危机，派系竞争有很强烈的负面效果。"合村并居"形成了新的住宅模式，形成了主要以地域为特征的居住方式，打破了传统的居住格局。原先以亲缘、血缘关系为基础形成的派系由于居住格局的改变而变得松散甚至解散。同时，商缘、业缘及友谊关系等非亲缘、地缘关系开始在社会中占据着越来越重要的地位，社会关系的多元化基本上消除了派系形成的大环境。"合村并居"后，解散的各种派系分子由于不再受派系的控制，在基层组织的选举中会变得客观公道，容易使农村中能够促进农村发展，愿意促进农村发展且具有奉献精神，具有较浓厚民主思想意识的政治精英脱颖而出，建立民

[①] 陈娟，梁琬淞，王志章. 农村非正规金融发展是否有利于农户脱贫？——基于CFPS2018 数据的实证分析[J]. 农村经济，2021（10）：80-89.

主化的基层组织。在基层组织的重建过程中，政治精英们也非常注重通过制度设计来进一步消除可能的派系之争。一是新当选的政治精英民主意识较强，他们通过建立制衡机制，在人事安排和村务管理上不以派系为界限，消除权力运行的派系倾向。这从制度设计上避免了新建社区居委会在运作过程出现中变异，致使新建社区居委会变为维护其利益的派系工具。二是通过加强吸纳机制弹性的办法来解决导致公共权威行使中的"梗阻"现象，即解决新建社区居委会选举中落选者可能联合起来对抗当选者，降低新建社区治理的效能，甚至引发社区分裂的问题，从而通过基层组织重建中的制度设计来消除新建社区可能出现的派系之争，推动农村基层组织民主化。

2. 促使新建社区居民积极参与社区政治

随着"合村并居"的推行，传统农村以血缘宗族为核心形成的农村自治组织失去了对农村居民的约束和控制，农村居民的自主性和独立性逐渐增强，一旦有表现的机会，他们就会迸发出极大的热情，一改过去旁观别人打天下、置身事外、自己坐享胜利果实的"搭车心理"和"民主惰性"；他们不再漠视他人利益和公共利益，不再拒绝妥协和协调以及只顾伸张自己利益，而是保持一种合作姿态，这为他们参与新建社区政治奠定了基础。失去了对原先农村自治组织的依赖，新建社区居民更关心自己的利益。一般来说，社区居民与其利益关联度高的活动，参与的热情就高，反之则低。随着"合村并居"的开展，社区与居民的关系越来越密切，这在客观上推动了居民以更高的热情参与社区各项活动，包括政治活动。随着直接选举、差额选举等新方式的出现，大大改变了在举手表决的时代居民的热情很低的状况，居民的参与率大幅度提高。新建的农村社区，其实是撤小村并大村，其在管理模式、社区经济、社区组织、社区居民状况以及社区所面临的困难和问题等方面与城市社区存在着较大差异[1]，叫"社区"不叫"村"，是因为社区包括的内容、范围更多更大。社区居委会执

---

[1] 庞玉珍，王俊霞．"村改居"社区与城市社区的差异及原因分析——基于对青岛市社区的实地调查［J］．理论界，2011（8）：160-162.

掌着承包地分配、计划生育指标、公益事业建设等关乎社区居民切身利益的公共权力，因而他们自然会珍惜手中的选票，期望通过民主公正的机制表达并实现自己的利益诉求，促进其基本权利资源的积累和增值。除此之外，在利益多元化的转型期，新建社区居民参政的主动性和积极性不仅仅体现在社区民主选举环节上，还贯穿于社区民主决策、民主监督以及民主管理等全过程，他们会充分利用利益表达、博弈平台来表达他们的话语权。他们积极、真诚地投入民主，理性、有序地参与民主，表现着他们的民主智慧，推动着农村基层组织进一步民主化。

3. 推动农村社区自治

经济与社会的变迁是决定农村基层民主发展的主导性和关键性变量。改革开放以来，农村经济和社会结构发生了显著变化，村民自治赖以存在的经济及社会基础也处于转换过程中，而"合村并居"加剧了这种转换过程，推动着农村基层治理走向农村社区自治。经济方面，党的十七届三中全会指出，允许农民以转包、出租、互换、转让、股份合作等形式流转土地承包经营权。"合村并居"中，对土地流转制度进一步改革和完善，大部分试点对于农地和林地的承包权和经营权以及集体建设用地制度先赋予使用权和相应的财产权，然后实现确权基础上的可流转和可交易，例如，在四川成都实行的地票政策。土地流转制度使土地权利关系及人地关系变得较为复杂，进一步衍生出各种日益复杂化的矛盾和纠纷，要求农村基层治理的制度框架发生改变。"合村并居"后，社区内部经济结构逐步分化为农业产业和非农产业的基本格局，单一的集体经济逐步向私营经济、个体经济、集体经济、股份制等多种经济成分并存的格局转变，各种合作组织经济也不断出现，多种经济形式及经济组织进一步导致村庄内部阶层分化，产生了多元利益格局。当一种经济制度的潜在收益丧失殆尽时，其内在就会形成一种要求变迁的动力。[1] 随着"合村并居"政策的实施，农村社区日益演变成容纳了社区党组织、居民委员会、各类民间组织、基层政

---

[1] 胡航军. 中国经济体制改革从农村开始的新制度经济学解释 [J]. 黑龙江对外经贸，2010 (11): 52-53, 69.

府及机构、居民群众社区的主体，社会主体资源多样化，客观上要求突破旧的农村基层治理模式。

农村社区自治是新时期农村经济和社会结构发生了加剧变化的微观制度变迁形态。它是在现代公民社会的领域和事务中建构的一种自由加入、平等参与、共同决策、共享权利、共担责任的一种现代民主政治与自由社会的基层治理模式。它能将多元利益要求纳入整合的渠道，形成多元主体和利益基础上的协商、沟通与整合，可以在很大程度上控制和消除各种冲突与矛盾，维护乡村社会的稳定，推动着农村基层组织进一步走向民主化。

（三）普及农村现代化基础设施

农村现代化基础设施是农村中各项事业发展的基础，也是农村经济系统的一个重要组成部分，应该与农村经济的发展相互协调。但由于建制村规模小、数量多、布局分散，一些公共服务产品，如标准化警务室、标准化卫生室、标准化服务厅等很难在每一个村庄都建设，这使得城乡基本公共服务均等化的深入推进受到影响。文化下乡，放映员需要在每个村播放电影，需要花费大量的人力、物力和财力。建制村"合村并居"以后，只需播放一次就等于完成了播放任务。还有，依托原来的建制村，供气、供热、污水及垃圾的处理、宽带网的铺设等现代化的基础设施难以普及。"合村并居"以后，这些问题都能容易解决，这些问题包括现代化农业基地及农田水利建设等农业生产性基础设施；饮水安全、农村沼气、农村道路、农村电力等农业生活性基础设施；天然林资源保护、防护林体系、种苗工程建设，自然保护区生态保护和建设、湿地保护和建设、退耕还林等农民吃饭、烧柴、增收等当前生计和长远发展问题的生态环境建设；有益于农村社会事业发展的基础建设，包括农村义务教育、农村卫生、农村文化等农村社会发展基础设施等农村公共品投入不足的问题等。[1]还有，通过"合村并居"，大江大河的治理、污染和水土流失的治理及土地沙化、防护

---

[1] 韩秀兰，阚先学．山西省农村公共品投入存在的问题及对策［J］．安徽农业科学，2007（34）：11285-11287．

林建设、生态保护、民兵、计划生育、农村水利工程、农村抗灾救灾、农村道路和电力、农村科技推广及信息服务事业、农村环境改造、农产品流通及劳动就业和培训等问题也能得到较大提升。

（四）提高农村土地利用效率

"合村并居"之前，农村居民守着自己的一亩三分地，基本上都是种植传统的粮食作物，附加值比较低，同样一亩土地，产出价值比较低。与此同时，明明村中闲置了大量空置房，但由于过于分散，想在村里建设工厂的话，还是找不到合适的场地，没有可以建厂的用地。

"合村并居"后，对土地重新规划利用，合理划分粮食区、蔬菜区、果园区、工业区，成片集中经营，可以大幅提高土地利用效率。以山东省菏泽市"合村并居"试点为例，据预测，该市第三轮土地利用总体规划期（至2020）内全市新增用地总量约为110万亩（包含规划控制新增用地指标18.38万亩），其中工业用地80万亩，按每亩投资强度100万元计算，可承载新增投资总量8000亿元。到2020年，全市城镇新增用地需30万亩，届时城镇和工业园区内可承载600万人口，全市城镇化率将达到50%~55%，接近全省的平均水平。通过村庄改造及周转房建设，全市农村居民点用地基本做到5~10年内不增加。本轮规划期内村庄改造复垦成的一般耕地及原村头荒地，经过数十年的耕种，均具备了补划为基本农田的条件。此外，通过村庄改造及窑厂废弃地、未利用地的开发整理，能够保持全市耕地总量动态平衡和基本农田总量不减少，确保城乡科学持续和谐发展。同时，腾出土地的市场化、规范化流转，可以大大提高农业用地的科技含量和产出水平，做好科技服务为农民提供适用技术以全面提高农产品质量。[1]

---

[1] 阚先学，韩秀兰．山西省农业结构调整的实证分析［J］．安徽农业科学，2008（19）：8352-8353，8396．

二、"合村并居"的土地增值收益

（一）土地增值收益的研究范围

土地增值是指土地原用途的价值之外增加的价值，增值收益是指补偿原用途的价值后的收益。增值收益的土地有市场价格的可以参照市场价格计算，例如，房屋用地；没有适宜的市场价格的，可以按当事人共同信任的评估机构评估的价格计算。分享收益的应有国家、农民与农村集体、开发经营者三方。国家的经济社会发展环境为土地增值提供了条件，并需要对增值收益实行全社会的二次分配，因此可以对土地增值收益征收一定的土地增值税。农民与农村集体为建设用地转让了土地的财产支配权，除了得到土地原用途的补偿外，为了今后的发展，理应分享一定的土地增值收益。开发经营者对建设用地的开发利用，直接导致土地得到增值收益，所以也应分享一定的收益，以鼓励其开发利用的积极性。农民与农村集体和开发经营者之间的比例，应在扣除土地增值税后的范围内协商确定，不能确定时由政府协调处理，但不宜强制规定。"合村并居"中土地增值收益的范围包括谁负责组织实施拆旧区；宅基地复垦出的连片耕地如何经营；新建地块中的公益用地与非公益用地如何定价等。本研究范围（见图2-1）主要是指合村并居地区宅基地置换房增值收益和征用地增值收益。

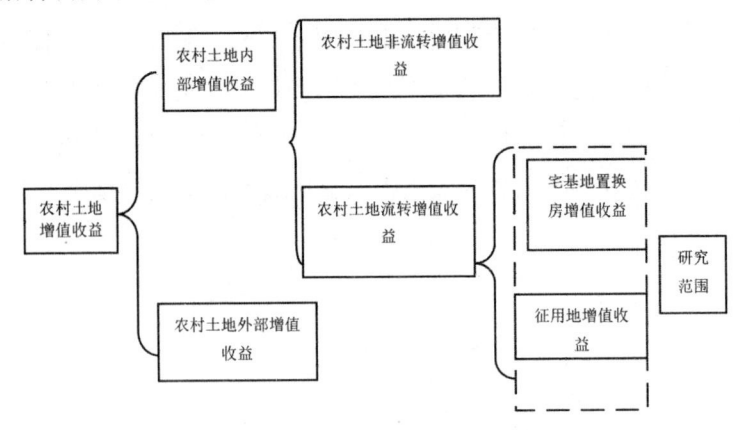

图2-1 土地增值收益范围图

(二）利益相关者参与土地增值收益的动因

下面分析中央政府、地方政府、农村集体经济组织、农民和用地单位等利益相关者参与土地增值收益的动因：

1. 政府主导型

一般由政府相关行政主管部门负责项目选址立项乃至规划设计，管理监督项目的实施过程；政府组建的建设投资公司进行项目的具体实施；资金供给靠政府投入为主，辅以其他投资方式，政府相关部门统一管理和监督使用项目资金；以宅基地整理除去安置点以外的新增建设用地或者新增耕地置换城市建设用地指标作为主要收益。

（1）中央政府的潜在收益。对中央政府来说，"地乃民生之本"。我国要守住18亿亩耕地红线，保护耕地，确保整个国家的粮食生产安全，国民经济的健康、协调发展以及社会稳定，从而确保我国总体经济发展带来的政治和经济绩效，实现政治目标。中央是从全局和整个国家的利益为出发点的。中央政府获取的潜在收益主要指社会收益。这在本章的2.2.1节中已有详细的分析，在此不再赘述。

（2）地方政府的潜在收益。就地方政府而言，它是不同于中央政府的利益主体，具有不同于中央政府利益的目标追求。地方政府从地方利益出发，一方面执行中央政策，另一方面，追求当地经济GDP的增长和地方财政收入的增加。"合村并居"的顺利实施给其带来的潜在收益既能促进所管辖区域经济的增长，还能获得该地区农村宅基地置换楼房等集体建设用地流转的所有权，以及由此所获得的所有权出让等经济方面的利益。具体来说，地方政府追求潜在收益的动机主要包括以下几方面：

第一，追求地方财政收入增加。基层财政困难是当前我国财政体制中的一个突出问题。基层财政包括县、乡两级政府财政，其困难突出表现在：收不抵支，赤字大，债务负担沉重，提供公共产品和服务的能力严重不足。在我国现有的政府激励机制条件下，地方政府推动经济增长和城市化的政绩冲动较强，但现有的税收结构没有考虑到地方政府推动城市化的需要，使其无法为城市基础设施的建设筹集足够的资金，于是地方政府把眼光转向土地。因为土地从农业用途转向城市用途身价会涨百倍，也就能为地方政府提供大量财政收入。从1998年到2009年，土地有偿使用收入飞速增加，全国由507亿元上升至1.51万亿元。据中国社科院财贸所研究，土地有偿使用收入占全国财政收入的比重，由1998年的3%上升至2008年的11%，其中，在房地产步入"疯狂"的2007年，土地有偿使用收入达到1.215万元，占全国财政收入的15%，年均增长率39.5%。据2010年4月10日中国之声《新闻纵横》报道，在房地产最为疯狂的2009年，土地出让总价款比2008年增加了惊人的63.4%。据中南时讯报道，2020年全国土地出让收入达8.41万亿元，是近33年来土地收入最高水平。

由此，我们认为，我国20多个省市正在如火如荼地进行的"合村并居"行动虽然从根本上是为了地方发展，但如果从财政角度来看，由于有些地方仍然处于"吃饭财政"状态，要想满足各个领域不断增长的资金需求，最好的方法还是出售土地使用权，因此"合村并居"推进的首要目的就是置换城乡用地指标、增加土地市场供应，最终增加地方财政收入。

第二，"GDP"情结下追求政绩。国内生产总值（Gross Domestic Product，简称GDP）是指在一定时期内（一个季度或一年），一个国家或地区的经济中所生产出的全部最终产品和劳务的价值，常被公认为衡量国家经济状况的最佳指标。它不但反映一个国家或地区的经济结构和经济总体规模，而且能够反映经济发展的整体状况，还可以反映一国的国力与财富。因此，很长时间以来，人们将其视为了解和把握宏观经济运行状况的有用工具，进而成为制订经济发展计划、战略规划的重要依据。从某种程度上讲，GDP成了检验经济政策科学性、有效性的重要手段。基于此种功能和作用，经济学家们曾对GDP高度重视。"GDP崇拜"成为普遍情结，使得许多发展中国家都确立了以经济增长为首要目标的发展战略。

干部考核是指考核机关按照一定的程序和方法，对干部的思想政治表现、业务水平、工作能力及业绩所进行的考察与评价，并将其作为干部任用、培训、奖惩、晋升等环节的依据。

基于历史原因及现实环境，我国现行干部考核评价机制存在着众多问题，这主要表现在：现行干部考核评价标准由于缺乏具体考量条款，现实操作性不强。在"GDP崇拜"情结下，现行干部考核机制特别强调经济总量和增长指标等经济指标，社会发展、可持续性发展等要素往往处于次要地位乃至被忽视。在GDP大棒指挥下，地方政府难免"一叶障目，不见泰山"，只有拉动GDP的工作才干，只有增长GDP的项目才上，在放眼看世界、不断融进世界经济大家庭的过程中，GDP的功能被放大，不少地方把GDP的增长等同于社会经济的发展，甚至唯GDP论英雄。我国现行干部考核评价机制中自然特别注重GDP的考核。以济宁市干部考核为例，济宁市《县市区经济社会发展督查考核暂行办法》规定，在全市党政机关事业单位领导班子领导干部综合考核体系中，经济社会发展综合考核占据50%的比重。在经济社会发展综合考核中，虽然指标体系包括经济发展与结构优化、民生状况与社会发展、生态建设与可持续发展以及约束条件四部分37个指标，但仅经济发展与结构优化就占51%权重，民生状况与社会发展占33%权重，生态建设与可持续发展以及约束条件仅占16%权重。在年度考核加减分因素中，无论是综合实力，还是发展后劲，加减分关注的重点同样是投资及增长。毫无疑问，与领导干部考核密切相关的总是地方经济发展特别是GDP指标。地方政府在"城乡建设用地增减挂钩"政策指导下的"合村并居"行动能够通过出让土地使用权得到大量资金，从而推动以投资为主的经济增长，取得政绩，为自己的职位晋升准备好第一桶金。下表2-1是山东省济宁市《县市区经济和社会发展主要考核指标及权数》。

表 2-1 济宁市《县市区经济和社会发展主要考核指标及权数》

指标分类	序号	指标名称	欠发达县 合计权重	欠发达县 增加权重	欠发达县 速度权重	刘县市区 合计权重	刘县市区 增加权重	刘县市区 速度权重
经济发展与结构优化	1	地区生产总值及生产率	3	1	2	3	1.5	1.5
	2	人均 GDP 及增长率	4	1.5	2.5	4	2	2
	3	第三产业增加值占 GDP 比重及升降幅度	4	1.5	2.5	4	2	2
	4	地方税收收入及增长率	4	1.5	2.5	4	2	2
	5	地方税收收入占地方财政收入的比重	3	1	2	3	1.5	1.5
	6	固定资产投资及增长率	5	2.5	2.5	6	3	3
	7	高新技术产业产值占规模以上工业产值比重	3	1	2	3	1.5	1.5
	8	农业贷款占贷款余额比重及升降幅度	1	0.5	0.5	2	1	1
	9	农业机械化水平	1	0.5	0.5	2	1	1
	10	人均社会消费品零售总额及增长率	3	1	2	3	1.5	1.5
	11	工业增加值及增值率	3	1	2	3	1.5	1.5
	12	新增规模以上企业个数及增长率	3	1	2	3	1.5	1.5
	13	直接利用外资、引进市外国内资金及增长率	8	3.5	4.5	8	4	4
	14	进出口总额及增长率	3	1	2	3	1.5	1.5
民生状况与社会发展	15	城镇新增就业任务完成率	2	0.5	1.5	2	1	1
	16	农民人均纯收入及增长率	1	0.5	0.5	2	1	1
	17	城乡低保覆盖率	1	0.5	0.5	2	1	1
	18	城镇在岗职工平均工资及增长率	2	0.5	0.5	2	1	1
	19	农村公共文化服务体系覆盖率	2	—	—	2	—	—
	20	集中式饮用水源地水质达标率	2	—	—	2	—	—

续表

指标分类	序号	指标名称	权重 欠发达县 合计权重	权重 欠发达县 增加权重	权重 欠发达县 速度权重	权重 刘县市区 合计权重	权重 刘县市区 增加权重	权重 刘县市区 速度权重
民生状况与社会发展	21	城乡居民人均储蓄存款余额及增长率	2	0.5	1.5	2	1	1
	22	人均科教文卫事业费用支出及增长率	2	0.5	1.5	2	1	1
	23	义务教育巩固率	2	0.5	1.5	2	1	1
	24	初中升高中段比例	2	0.5	1.5	2	1	1
	25	万人拥有卫生技术人员及床位数增长率	2	0.5	1.5	2	1	1
	26	城镇职工基本养老保险覆盖率	2	0.5	1.5	2	1	1
	27	万人中的财政供养人口	2	—	—	2	—	—
	28	万人参加农村合作医疗人数	2	0.5	1.5	2	1	1
	29	人口出生率及性别比	3	—	—	2	1	1
	30	亿元GDP生产安全事故死亡人数及升降幅度	2	0.5	1.5	2	1	1
	31	万元工业增加值能耗和取水量及降低率	3	1	2	3	1.5	1.5
	32	工业废水排放量达标率	2	0.5	1.5	2	1	1
	33	工业烟尘排放量达标率	2	0.5	1.5	2	1	1
	34	城市污水和垃圾集中处理率	2	0.5	1.5	2	1	1
	35	耕地保有量和基本农田面积及林木覆盖率	2	0.5	1.5	2	1	1
	36	二氧化碳排放量削减任务完成率	3	1	2	3	1.5	1.5
	37	化学需氧量排放量削减任务完成率	2	0.5	1.5	2	1	1

第三，追求土地指标收益。地方建设用地指标的扩大，除满足地方上项目投资建设外，其更为直接的价值还在于土地出让金的增加乃至土地指标的直接出售。近10年来，各地土地出让金收入迅速增长，在地方财政收入中比重不断提升。借助"城乡建设用地增减挂钩"获得的土地指标既

可以用于投资建设，又可以增加土地出让金，更可以直接转售给其他地方。据"经济参考报"报道，山东省济宁市汶上县南站镇与县经济开发区"镇区合一"。近年来开发区发展迅速，6.6平方千米的建成区目前只剩下1300亩预留地，今年上半年需要落地的项目就需要7000亩地。为了保证项目落地，去年按照6万元至8万元一亩的价格，从周围乡镇购买了596亩建设用地指标。建设用地指标买卖价格在当地逐年上升。2019年，汶上县转让建设用地指标共4080亩，其中2035亩卖给了济宁市，收益2亿多元。毫无疑问，用地指标不管是用于投资建设方面，还是用于直接出售方面，这场建设行动中成为最大受益方的始终是地方政府。

此外，由于"合村并居"社区的集中布局以及规模的不断扩大，共享设施的使用率得到了提高，因而减少了地方政府对基础设施的投入。还有，地方政府通过"城乡建设用地增减挂钩"政策可以扩大包括村集体筹资、企业投资、银行贷款、国家政策支持等"合村并居"推动的融资渠道，从而缓解了"合村并居"带来的地方政府财政投入的压力，有利于促进我国农村经济社会的科学发展。①

第四，乡镇权责不匹配导致矛盾进一步凸显。政府部门权力与责任的基本匹配，是其有效执行的前提和规范运行的基础。但是随着经济社会的发展和基层形势的复杂变化，上级不断增长的权力要求与基层不断缩小的权力之间的矛盾，基层有限的事权与无限的事责之间的矛盾，让基层政府在各项工作中都面临尴尬境地。乡镇政府的管理权限受到各级政府改革的影响，管理权限被不断压缩，没有独立的行政权力，而与此同时，乡镇基层政府所承担的责任却越来越大，"上面千条线，基层一根针"，形象地描绘了基层政府所面临的困境。2017年，中央发布了《关于加强乡镇政府服务能力建设的意见》，旨在到2020年实现乡镇政府服务能力的全面提升，基本建立职能明确、运作有序、保障有力、服务高效、民众满意的乡镇政府服务管理体制机制。"上面千条线，基层一根针"生动描述了基层所处

---

① 韩秀兰，阚先学．中国农村经济社会科学发展研究［M］．北京：光明日报出版社，2010：78．

的尴尬境地。2017年，中央印发了《关于加强乡镇政府服务能力建设的意见》，以期到2020年，乡镇政府服务能力全面提升，基本形成职能科学、运转有序、保障有力、服务高效、人民满意的乡镇政府服务管理体制机制。

近年来，《意见》贯彻落实的成效不够明显，没有通过有效的行政机制改革来为《意见》的实施保驾护航，权力下放力度不足，权责一致较难实现。乡镇政府对涉及重大投资、重大项目的参与度依然不足，特别是一些经济薄弱的乡镇对于涉及本地区的重大决策、项目和公共服务缺少参与权和建议权，基层管理和经济社会发展高度依赖市县级总体规划，缺乏自主权和决定权，事权与事责不匹配、财权与财责不匹配、人权与人责不匹配导致乡镇各项工作推进难度加大。

2. 农村集体经济组织主导型

农村集体经济组织或农民参与土地增值收益分配的动因，具体表现如下：

（1）经济强村追求规模经济。一些经济强村和经济实力较强的企业出于扩大规模、加快发展的需要兼并弱村、穷村。被誉为"天下第一村"的江苏省江阴市华西村，从20世纪60年代起，就进行了大规模的土地整治工作，把高低不平、水塘密布、十年九荒的低洼地和低产田，用人工方式改造成土壤肥沃、田块成方、渠道成网、树木成林、水泥路纵横交错的稳产高产良田，大大提高了土地的利用率和产出率。土地整治工作完成后，通过土地股份合作社等形式使土地资源变成资本，"土地变股权，农户当股东，有地不种地，收益靠分红"就是其形象写照，实现了土地资源效益最大化。接着，他们又在集约开发土地上下功夫做文章。华西村从2001年开始，提出了"一分五统"原则，其中，"一分"，就是村企分开；"五统"，就是经济统一管理，劳动力在同等条件下统一安排，福利统一发放，村建统一规划，干部统一使用，纳入周边20个村共同发展，使昔日面积只有0.96平方千米、人口只有1500多人的华西村，扩大为一个面积超过35平方千米、人口超35万人的大华西。经过整合扩容后的华西村，2008

年销售收入超过450亿元,可用财力达30亿元,人均交税超过4.6万元,村民人均收入超过8万元,华西村村民过上了"学有优教、劳有高得、病有良医、老有保养、住有宜居、信有手机、行有好车、路有大道"的幸福生活。对项目区整理出的耕地,实行规模化经营,追求利益最大化,对"合村并居"后农民的稳定收益能够起到一定的保障作用。

(2) 经济弱村横向集聚,追求发展。出于经济发展的需要,经济实力较弱的村庄进行横向联合集聚,以获得村庄规模的扩大、功能的重新组合、经济结构及布局的改善。将利益关系密切、区位相邻的富村和穷村合并是解决贫困问题、缩小贫富差距、实现共同富裕的有效方式之一,其实质是通过区划变动和隶属关系的变更使产权和利益关系重组,降低交易成本,从机制和组织上给贫困村创造良好的发展条件和发展机会,促进其社会经济发展。如20世纪80年代中后期较早、较有特色的兴起于山东省东部沿海地区的绝大多数村庄合并就属于这种模式。近年来,在沿海市场经济发达地区,这种自发式的村庄集聚正在涌现。

"合村并居"能够使经济强村获得规模效益,还能使经济弱村获得发展。另外,农村集体组织负责管理"合村并居"的集体建设用地。通过"挂钩"政策获得的土地收益,除一部分作为农民的补偿外,其余都归于村集体所有,缓解了合村社区财力紧张的状况,能够增加村集体经济实力。这些将作为合村社区基础设施、公共设施建设和运作的费用。另外,耕地的集中能使农地经营规模化,也会增加村集体收益。合村农民是农村集体经济组织的成员,其潜在收益的动机,相对比较单纯,就是要使其所占有宅基地等集体建设用地,通过各种方式流转获得的收益最大限度地内部化。首先是获取较好的人居环境,如果政府对"合村并居"有专项资金进行支持,那么农民的住房条件会得到大大的改善,会享受到较为完善的基础设施以及公共服务设施带来的服务。其次是增加其收入,由于居住向中心村集中,因此农民有可能分享一部分土地升值收益。

3. 市场主导型

就用地企业而言,其参与土地增值分配的动因主要表现为:首先,对土地的需求不需要每年有地方政府十分有限地供应，地方政府对土地一级市场的垄断会大大降低，因此能够获得充足的发展用地；其次，通过建设用地实现流转，其对理想的地块进行投资，往往不需要付出很高的交易成本，包括寻租成本、搜索成本、谈判成本等，因而其潜在收益会大大增加。

市场经济的实质是资源配置的市场化。用地企业通过市场机制组织农村进行"合村并居"事宜，以获得土地增值收益。资金筹集和运作与政府脱钩，依靠法律法规规范市场秩序，保证工程质量，政府发挥监督、引导、协调与服务职能，项目运作实现市场化和企业化。在这一模式中，政府立项后通过公开招标选择具体项目实施单位，中标单位负责项目规划设计和实施，取得折抵指标后或者自用或者转让，实现资金回收，在这期间政府只负责对项目监督和验收。

4. 三种主导模式下农民的利益分析

地方政府主导型是目前我国最主要的"合村并居"的组织者，它具有规模大、推进速度快、规模效应等特点，但在政府主导下，一些农民的意愿性得不到充分体现和保障，甚至出现强制推行引起农民的抵触情绪。如果农民在集中居住区多从事农业劳动，集中居住后可能因土地离居住地较远耕作不便造成收成减少，或者因失地又无其他技能，容易发生"因集致贫"等社会问题。

农村集体经济组织主导者是土地所有者，村集体自主性强，真正体现农民群众的意志，且宅基地整理的收益归属宅基地所有者和使用者，有利于农民财产权益的保护，但这一主体一般只适用于经济发达且村集体与农民经济实力较强的地区，适用范围较窄，且村集体承担的风险和责任较大。

用地单位作为组织者，其优势在于政府不再是项目实施主体，不用承担巨额债务压力，可以更好地发挥引导、协调、规范与服务的职能；采用市场化运作方式，引进企业负责项目实施，项目运作和管理更加规范有效。这一模式的不足是，新增建设用地或发展权指标主要由企业获得，农民仍然没有多少收益。这种模式虽然目前并不多见，但由于政府主导面临财政困难、资金不足等问题，农民自愿主导的规模小、速度慢，因此，市场化主导的模式将是未来推动"合村并居"的最主要动因和基本形式。①与政府事务众多相比，企业可以相对集中地开发项目、建立园区，同时推进"合村并居"进程。和农民自愿推进相比，具有高速、规模效应优势。但是，由于企业以营利为目的，极有可能出现损害农民利益的情况。鉴于此，政府应该对企业在推进"合村并居"过程中的相关行动加强监督，建立评估考核机制和侵犯农民权益的惩罚制度，切实维护农民正当利益。

（三）土地增值收益的分配方式

1. 政府主导型的"转权让利"

"转权让利"是一种政府主导的土地增值收益的分配方式，"转权"是指通过征地，将集体土地所有权变为国家土地所有权，然后统一出让；"让利"是指对集体土地转权的同时，依据"谁投资，谁受益"和公平分配的原则，将地租收益按一定的比例给予原土地所有者或使用者、乡镇基础设施投资者。浙江宁波市和温州市、山东威海市、江苏常州市等均采取这一模式。其核心内容是"同种产权，同一市场"。这种模式可概括为"五个统一"，即"统一规划、统一征用、统一开发、统一出让、统一管理"。无论是规划区内还是规划区外集体非农建设用地的流转，都要求不再保留集体土地所有权，而是通过征收、征用等方式将需要流转的集体土地统一转为国有土地后再进入市场，产权单一，管理较简单。获得的土地收益大部分归政府处理分配，国家对转让土地的农民进行货币安置或住房安置，并解决农户的社会保障问题。

但是，在福建晋江、广东顺德、浙江湖州等新兴中心城镇实践中，形成了"准国有化模式"的特殊情况。该模式下，当地政府首先对城市建成区内的土地按国家征收方式向集体和农民进行了补偿，并按国有土地进行

---

① 孙崇明，叶继红. 农民集中居住研究的特征评述——基于 CSSCI（2007-2019）文献计量分析 [J]. 湖北民族大学学报（哲学社会科学版），2021，39（1）：87-97.

管理，大部分土地所有权仍为集体所有，其流转也纳入了城镇国有土地流转市场，农村集体经济组织不能自行决定其土地使用权是否流转、怎样流转，必须在土地局的统一安排下进行，流转收益主要归当地政府所有。

2. 市场主导型的"保权让利"

"保权让利"是指在保持集体土地所有权不变的前提下，仿照国有土地有偿使用管理的方式，将集体土地按一定年限通过转让、出租、入股、联营等方式直接流转，土地收益大部分留给集体经济组织的模式。上海嘉定、江苏无锡等均采用这种模式。

这种模式的核心内容是实行国有和集体土地"两种产权、同一市场、统一管理"。所谓"两种产权"，是指城市规划区内，两种土地所有权同时并存，并对其一视同仁，即同质同价、优质优价、劣质低价；所谓"同一市场"，是指国有土地使用权和集体土地使用权在同一市场上流转；所谓"统一管理"，是指政府把两种用地使用权流转纳入一体化管理之中。采用"保权让利"模式，无论集体土地位于规划区内还是规划区外，无论土地使用者的性质如何，无论是利用存量建设用地还是利用增量建设用地，均可以按照一定程序，在保留集体土地所有权不变的情况下使用符合规划范围内的集体土地。这对农村集体经济组织以及农民而言，可以获得一笔稳定的增值收益，并且也没有损害他们对土地所拥有的承包经营权，是一种有利于农民的发展模式。

3. 土地增值收益分配中农民权益缺失及原因

（1）农民权益缺失的表现。第一，地方政府侵害农民权益。宅基地置换房是"合村并居"中的核心问题。但现行法律制度对宅基地置换补偿制度内容没有做出明确规定。宅基地置换房补偿，应由宪法和法律加以规范，以保障私人财产权。《宪法》虽然对补偿明确规定：国家为了公共利益的需要，可以依照法律规定对土地（或宅基地）实行征收或者征用并给予补偿。但这一原则性的规定，缺少对于补偿方面的统一立法，缺少明确具体可操作的规定。我国《土地管理法》及《土地管理法实施条例》规定：征收集体土地，对地上附着物进行补偿，补偿费归地上附着物所有者所有。但该文件没有明确规定地上附着物是否包括被征地农民的住房。《物权法》对征收集体土地涉及的农民住房置换补偿没有明确规定是适用第四十二条第二款，还是同时适用该条的第二、第三两款。这些法律文件对宅基地置换补偿制度的内容，没有做出明确规定，因此许多应当予以补偿的情形找不到法律依据，实践中出现宅基地置换房、农民宅基地上房屋拆迁置换无法适用或适用法律混乱的现象。

还有，宅基地置换补偿标准的测算办法不够科学合理。《国有土地上房屋征收和补偿条例》规定，征用宅基地和乡村企业等建设用地的，为当地前三年平均粮食年产值的四倍或五倍。这种补偿费"产值倍数法"的计算方式不尽合理。首先，这种计算方式利用的是马克思的绝对地租收益购买价原理（利率补偿法），利率与地价之间是反比关系，即利率越高，地价越低；利率越低，地价越高。但是，当利率按经济规律降至小于与原年产值倍数补偿额相适应的利率时，就会出现与倍数补偿立法本意相反的结果。随着经济的发展，利率补偿额与倍数补偿额之间的差距还在进一步加大。其次，按传统的经济作物来测定前三年的农业产值，不合理。因为，现在的宅基地复垦后的农业已不是传统意义上的农业，而是集生态农业、精品农业和休闲观光农业等为一体的现代农业，土地的产出价值远远超过普通的粮食或蔬菜的价值。另外，宅基地由于用途的变更，可能十几倍、几十倍甚至上百倍地增值，但现行的补偿是以土地原有用途即农业收益为基础的，农民并没有享受到增值收益。

地方政府出于增加财政收入和政绩考核的考虑，往往对规模化的土地流转价格进行干预。在农地流转过程中，大多没有聘请独立的资产评估公司进行土地资产价值评估，往往是由乡镇政府根据每年农业经营收入确定租金。由于乡镇政府不仅具有增加财政收入的内在动力，还面临着政绩考核的外在压力，所以极易通过低估土地资产价值的方式以优惠价格吸引外商农业投资；他们往往把集体经济组织及农民修建的农田水利设施在土地租赁时不纳入土地租金的计算之列，使外商获得土地附属物的免费使用权。有的外商在获得土地使用权后，将耕地改为果园或将农业用地改为工业用地，甚至进行农业生态观光园项目建设等，由此产生了巨大的土地增值收益，造成了农民土地权益的流失。

第二，农村集体经济组织侵害"合村并居"农民利益。有一些地方乡村组织采用行政强制手段，利用"反租倒包"方式，低价从农户手中取得土地，再高价租让给农业产业化企业，从中赚取差额利润。此外，由于我国绝大多数的农村土地增值收益缺乏监督管理，以至村集体经济组织在土地承包经营权流转中不顾农民的利益，随意截留、挪用土地增值收益。另外，农村集体经济组织通过以下三种方式侵害"合村并居"农民利益。一是，不经过土地征用，集中安置房建设成本低。由于农民小区用地多是农村集体土地，不经过国家征用，也不用支付征地费用，这大大降低了用地成本。由于原宅基地也属农村集体土地，所以地方政府以"宅基地置换"为名，不给拆合农民宅基地补偿。二是，农民拆合后，原宅基地可集中用于工业和城市建设。一些地方甚至不经过征用，直接由基层政府在原村庄集体土地上搞工业，称之为"农村集体建设用地流转"。三是，农民"合村并居"后，由于距离承包地较远，基层政府实际上强化了对农民土地的支配权，可以集中农民的承包地招商引资，搞生态农业或农业示范园区等。

第三，用地企业侵害"合村并居"农民权益。由于土地家庭承包制导致了土地细碎化的经营状况，一些需要土地的农业产业化企业需要和分散经营的农户分头谈判，而分散的农户由于缺乏组织难以联合起来维护自身利益，结果往往是在谈判中处于劣势，他们所应得的收益被过分压低。在地价日益升高的当前，一块土地上种粮的产出必然低于卖地的收益。但保护耕地是我国的一项基本国策，触碰18亿亩耕地红线，就是威胁14亿人粮食安全的生命线，不能以任何理由动摇。有些地方政府以"招商引资""发展地方经济"的名义，更甚者利欲熏心，纵容、默许甚至公开签订协议允许耕地被占；一些企业无视国家土地管理法律法规，采取"以租代征"等方式非法占用耕地，并擅自改变土地用途；再加上个别主管部门隐瞒不报、压案不查，使一些违法问题长期得不到解决。由耕地引发的违法用地问题，严重侵害农民利益，群众意见很大，有的最后甚至引发群众上访和群体性事件，成为社会不稳定因素，影响极为恶劣。

(2) 农民权益受损的制度根源

第一，"施压—施惠"型的政府层级体制导致政府悖论。通过对我国农村土地增值收益分配现状的考察，笔者发现其中存在着损害农民利益的问题，这些问题的出现与我国现行的行政管理体制和农村土地产权制度有着紧密联系。有的学者将我国现行的行政管理体制概括为"压力型体制"，即上级政治组织采取数量化任务分解的管理方式和物质化的评价体系，将任务层层下派给下级组织，并视其完成任务情况决定奖罚，以形成对下级的压力。[1]

韩庆祥教授曾指出了这种体制的社会文化根源，"以权力层级结构为核心的传统社会层级结构是产生当今政治领域问题的一个'根'，是我们分析当今中国问题的一种有效工具"[2]；"在传统的权力运作方式上，政治权力至上、权力自上而下运作、逐级管制对其缺乏有效制约。权力至上属于权力运作的动力源，自上而下是权力运作的轨迹……逐级管理属于权力运作的方式。"[3] 权力层级的上端"享有他人必须服从的权威，下一个权力层级一方面受上一等级控制，另一方面又控制下一等级"。从现实来看，中国共产党人的先进理念一旦置于并通过这一传统社会层级结构及其机制来运作，就会在不同的程度上被扭曲、阻碍，因而影响其落实。压力型体制对其内部机构运行及其成员行为设定自身的评价标准和目标，被称为"内部性"。

按照政府体制的"内部性"，在"合村并居"宅基地置换房的过程中，上级政府对下级政府来说，既是"施压"者，也是按其自身标准决定奖惩和获利空间的"施惠"者。因此，地方政府对上级负责的刚性化与同

---

[1] 袁宇阳. 社会结构视角下乡村干部积极作为的多重困境及其破解路径[J]. 农林经济管理学报, 2021, 20 (5): 669-676.
[2] 韩庆祥. 中国总问题："结构转型"与"力量转移"[M]. 哲学动态, 2013 (2): 5-8.
[3] 韩庆祥. 中国总问题："结构转型"与"力量转移"[M]. 哲学动态, 2013 (2): 5-8.

追求自身利益的最大化相一致。而获得上级支持和信任的主要手段是政绩工程，即做出符合上级考核标准的政绩，从而形成了对上负责的政绩观。例如，"合村并居"的全国试点山东某城，其在奖惩乡镇政府推动该行动的措施中规定：凡进入某市小城镇建设提升考核前 10 名的镇，列入年度科学发展综合考核一等奖，给予 70 万元的奖励；对不能按要求完成的，在年度科学发展综合考核中，实行"一票否决"，并对相关责任人及时进行调整。"对上负责"，把获得上级的支持和信任的"政治支持最大化"作为自己锁定的目标，从而实现自身利益的最大化。但对上负责并不等于对民负责。特别是由违背市场规律的技术化、数量化的评价体系所决定的政府行为往往与农民的真实意愿和利益相违背的情况。在不发达地区的政府、市场和社会这三种力量中，地方政府处于强势地位，拥有市场经济的一部分经济功能，掌控着很多资源。因此，他们能够利用现行置换制度的不足和其掌管置换房的主导权，把宅基地当作第二财政，以宅基地生财，赚取"快钱"，从而出现了"低补高卖"现象，强行置换。在这种体制下，上下级需求都是在这个封闭的体制内部运行的，农民的需求是被排斥在这个体制之外的，他们是地方政府追求自身利益最大化的代价偿还者。

宅基地置换过程中，老百姓几乎没有什么发言权，置换与不置换、补与不补、补多与补少，完全由政府说了算。政府不但不尊重农民的知情权，而且对被置换农民补偿标准制定得过低且很难及时完全到位。置换与补偿安置公告、补偿安置方案、听取意见等也都是事后程序，这既导致了相关权利人缺乏参与、申辩的机会，也使社会舆论无从监督。同时，这种政府层级体制形塑了缺少自主意识、权利意识的官本位民众性格，为权力的滥用提供了世俗基础。正是这种由"内部性"形成的体制特征，成为导致政府悖论和失灵以及农民的权利与权力遭到抹杀的核心因素。

第二，现行农村集体土地产权制度的缺陷。农地征收与供应中失地农民只能获得份额较少的征地补偿费用，无法长期分享土地增值收益，土地税费和出让收益都被各级政府获取，造成这一分配结果与现行农村集体土地产权制度紧密相关。所有权和使用权相分离是现行农村集体土地产权制度的基本框架。所有权主体是村农民集体、乡镇农民集体。但这些主体在法律规定上是模糊的，到底谁是所有权代表者没有明确的界定。使用权主体则按不同的土地类型有不同的主体，农地和农民的宅基地使用权主体是农户；小城镇内的建设用地使用权主体是企业或其他单位和个人；村庄内公共用地土地使用权主体是集体全体成员。这一制度设计中存在的一些缺陷直接导致我国现阶段农村土地增值收益分配出现各种各样的问题，其主要表现如下：

一是农民的土地权利保障缺失，无法有效约束地方政府的征地行为。农村土地属于集体所有，但代表集体履行所有权功能的主体缺失，村集体在农地征收过程中与地方政府相比处于被动或从属地位。农民则并不拥有完整的产权功能，缺少相应的法律凭证，在农地征收过程中没有与地方政府就农地征收范围、补偿进行"谈判"的法律机制和法律保障，导致地方政府实际拥有"无限的征地权"。

二是土地征收制度与地方政府对城市建设用地供应的垄断，阻断了农民参与土地增值收益分配的路径。现有的农地征收制度，仍然延续了提高农地产值标准以及补偿倍数的买断型征地补偿改革思路，这种补偿方式单一，一旦农民失去土地，就不再享有任何的土地增值收益。土地供应以后的增值收益，全部被地方政府获取。同时，地方政府是城市建设用地唯一的供应主体，导致土地市场缺乏竞争动力，阻碍了农地转用市场和土地一级市场的发展，农民也不可能再参与到土地的市场运作过程中来。

三是地方政府对土地出让收益的依赖以及土地出让收益管理存在漏洞。土地出让收益、土地税费、土地抵押贷款等收入已成为地方财政收入的重要组成部分，在地方政府财政收支压力越来越大的情况下，地方政府面临着极强的经济激励，以牺牲农民利益为代价，获取更多的土地增值收益。尽管土地出让收益管理已纳入基金项目，实行"收支两条线管理"，但在当前财政收支不公开、不透明的背景下，地方政府的土地出让收益是否存在隐报、瞒报，很难给出准确的答案。尽管中央要求将土地出让收益更多地用于失地农民社会保障和农田水利设施建设等方面，但相应的监督管理措施并没有完善。现实中，地方政府将土地出让收益更多部分用于城市而非农村，农民也就无法享受到土地出让收益用于支持农村开发和农村建设带来的公共服务和福利。

小　结

本章首先探讨了"合村并居"潜在收益产生的背景，是乡村振兴战略中，"城乡土地建设增减挂钩"政策的重要产物。一是我国耕地面临18亿亩红线危机，"合村并居"是供给短缺的城市建设用地需要。"合村并居"有利于解决城市建设用地突出的供需矛盾，缓解我国18亿亩耕地红线压力。二是阐述了我国"城乡建设用地土地增减挂钩"政策的演变历程。

接着分析了"合村并居"推进的潜在收益，该收益分为社会收益和土地增值收益。不同的利益相关者追求的潜在收益也不一样。社会收益诸如公共产品和服务效率的提高和供给成本的降低，节约基础设施的投资等。中央政府作为利益相关者的一员，其主要追求诸如中国城镇化的实现等政治社会收益。地方政府作为"合村并居"的主要推动者，从总体看，其目标是为了本地的发展，但其更注重通过获得土地新增指标来达到其增加财政收入，获得晋升的目的。因此，地方政府是"合村并居"行动的主要实施者，在实施过程中，往往会忽视广大农民的权益。而农村集体经济组织则追求经济规模的扩大、经济发展等。尽管是出于农民的主观意愿，真正代表农民的利益，但必须是经济条件和规模都达到了相当高的水平，而且得有愿意为农民利益而贡献的农村能人，即农村精英人物的出现。市场主体作为利益相关者一方，能够遵守市场规则，但往往市场和官员相互勾结，共同侵害农民的利益。本章将三种土地增值受益主体对农民权益的侵害程度进行了比较。

然后，本章还分析了政府主导的"转权让利"和市场主导的"保权让利"的土地增值收益的两种分配方式。

最后，本章阐释了"合村并居"土地增值收益分配中，合村农民权益缺失的三种现象，并探究了造成这三种现象的两个根源，一是"施压—施惠"型的政府层级体制导致政府悖论；二是现行农村集体土地产权制度存在重大缺陷。例如，农民的土地权利保障缺失，无法有效约束地方政府的征地行为；土地征收制度与地方政府对城市建设用地供应的垄断，阻断了农民参与土地增值收益分配的路径；地方政府对土地出让收益的依赖以及土地出让收益管理存在漏洞，等等。

第三章

"合村并居"的综合驱动力分析

第一节 "合村并居"的动力要素及其分类

一、动力要素

综观近年来乡村振兴战略中关于"合村并居"的理论关切与实践努力,学界对"合村并居"的动力机制系统这个主流性问题仍没有足够重视。由于我国实行的二元体制结构,造成了我国农村地区发展逻辑上的依赖性和发展时序上的滞后性,由此带来了我国农村地区发展的积累不足和自我发展能力的有限。因此,如果要使我国农村地区顺利推进"合村并居",就必须依靠外部的支援、扶持和帮助。

如果说这构成"合村并居"推动的外部拉力或"外源动力"的话,那么从实质上来分析,它是在既定状态下对于客体运行或发展状态的一种干预。"任何发展干预都是外在的,对'合村并居'推进只能起到辅助作用。要想实现其顺利推进,其动力只能是来自农村内部,来自其最主要的行动主体——农民。看一看中国现有的农村发展典型,无一不是通过社区人口的内生能动性而实现的内源式发展。农村发展干预期望实现的就是农村社区的变化,一种正的变化(Positive Change),这种变化只能由社区人口来体现与实现。"①如果说在农村社区中，正是那些农民发展创新的原动力内在地驱动着农村的发展进程的话，那么，"合村并居"的发展也绝不能离开合村居民发展创新的内源动力和动力源。当然外部动力也是不可缺少的。

多年的实践表明，如果只有"外源动力"的牵引而没有内源动力的推动，则会"人为地培育不发达地区人们以'等、靠、要'为特征的消极心理及行为方式"②，"合村并居"的推进也很难取得明显的效果。事实上，如果我们过分地强调中央的扶持和核心地区的扩散，而相对忽视对于农村地区社会的自我发展能力与内在生长力的培养，必然会出现外在扩散与内在成长之间的断裂和失衡。据此可以认为，"合村并居"的顺利推进是有赖于各种动力要素的。

总体而言，这里的动力要素包括许多方面，诸如合村地区的经济发展水平、文化资源、物质生活需求和精神消费需求，还包括政策法规、社会体制以及社会参与力量等其他各种动力要素。

二、动力要素的分类

为使分析更具有现实针对性和导向性意义，我们参照结构功能理论有关社会系统结构和变迁的分析方法，将"合村并居"的动力要素分为四种：（1）人的要素，它主要以生活于农村地区的社会成员（主要是民族社会成员）为基本的分析要素；（2）自然要素，包括土地、资源、生态环境等少数民族社会成员和民族社会系统赖以存在和发展的基础性要素；（3）文化要素，包括科学、技术、民族社会成员的"地方性知识"等，它们是社会成员与自然环境之间能够建立密切联系和互有作用的中介性要素；（4）组织要素，"合村并居"的发展和运行是在管理者、协调者的介入和参与之中实现的，因此，组织的要素和力量也是"合村并居"推动的动力要素

---

① 吴勇. 农村文化礼堂可持续运行原动力探析［J］. 现代职业教育，2019（31）：72-73.
② 李洪兴. 脱贫不能"等靠要"，而要"加油干"［N］. 人民日报，2020-8-24（5）.

之一。

如果从"合村并居"地区的现实需要来看，其基本要素则包括：(1) 经济增长；(2) 结构优化；(3) 需要满足；(4) 生态改善。有学者曾经指出，在研究影响与决定人类社会生活的要素时，"要素"一词的"必要因素，每一个都很重要"的含义容易使"社会要素"一词带有"忽视它们内部之间的主次关系、决定被决定关系"的缺陷，因而建议使用"社会运行条件"一词，并就此展开了较为详细的分析。以这样的视角分析，从构建"合村并居"的动力机制出发，我们准备将其动力要素和系统做出这样一种类型上的划分，即内源动力和外源动力。笔者认为，这种类型上的划分更有现实针对性，也更有助于分析的把握和进行。

第二节 "合村并居"的内源动力及其聚合

一、"合村并居"的内源动力

（一）经济动力

"合村并居"的经济动力主要取决于农民参与的收益。但是"合村并居"是一个系统工程，涉及中央政府、地方政府、农村集体经济组织、农民、用地企业等各个相关利益者的收益，其中合村居民参与宅基地置换的收益是该工程的核心问题，出于研究的需要，本书选取合村居民参与宅基地置换的收益来研究"合村并居"的经济动力。

1. 农民参与的收入

目前基地置换工程试点对于置换农民宅基地使用权主要有两种。一是在集中居住小区，补贴相应居住面积的住房给农民。二是根据农民房屋的评估给予农民相应的现金补贴，同时给予农民购买集中小区住房的权利，由农民自由选择购买小区住房。由于第二种方式较第一种方式给予农民的选择权更大，并且成本收益分析更为复杂，因此本书以第二种置换方式为例进行分析。

合村农民在宅基地置换过程中，将自己的宅基地及其相关的农地使用权退还给集体，同时在宅基地上面建造供自己居住的房屋也会被拆迁。合村农民从中获得收入的方式主要表现为以下几方面。①宅基地使用权退还补贴。与当地的经济发展水平，宅基地面积，以及农民今后购买政府、村集体的安居房相应面积住宅所需资金等有关。②与宅基地相关的农地使用权退还补贴。与农地的年收益有关，由于其使用权属于永久退还，其具体测算为：农地补偿价格＝农地每年收益/资本还原率。③宅基地上建造的房屋补贴。与房屋的原始建造成本有关，并且换算到目前的市场价格可以表示为：房屋补贴＝房屋原始建造成本（资本还原率）/房屋建造年限。

2. 保障制度享受权益

当地政府、农村集体经济组织对合居农民也采取一定的保障制度，保障农民的权益，农民的保障权益主要表现为补助收入以及其他相关收入。①补助收入。补助收入表现为在农民进入集中小区居住后，政府、村集体会每月发放的生活补助费用的具体额度与当地每月最低生活水平费用，以及农民的实际年龄有关；同时，在部分宅基地置换工程试点，农民可以宅基地使用权入股，定期享受宅基地置换工程带来的收益分红。②其他相关收入。其他相关收入表现为一些权利的享受，如安居房以较低价格购买的权利，部分地区为保证失地农民的就业开展的职业技能培训等。

3. 农民在宅基地置换房中的成本

①由于农民几乎是无偿享有宅基地使用权，并且宅基地的使用权不能在市场上交易，没有交易价格，因此宅基地使用权对农民来说是没有成本的。②宅基地相关农地使用权。农地使用权的退还带来的成本主要表现为每年农地的实际收入。③宅基地上面建造房屋。宅基地上面建造房屋拆合为农民带来的成本与其获得的房屋补贴类似，取决于房屋建造成本，另外由于宅基地上建造的房屋也不能在市场上交易，不具备交易价格。④购买新的住房成本。农民在失去宅基地之后必将需要购买新的住房，而这个购买成本主要与农民将购买房屋的面积，安居房的房价有密切关系。⑤进入

小区居住后生活成本的提高。对于农民进入集中小区居住后其生活成本必将比原来在农村自己的宅基地上生活的成本有所提高，这个提高的量与当地的生活水平有直接关系。⑥归属感等其他心理成本。其他成本主要指比较特殊的成本，如部分农民受祖籍宅基地观念的影响，宅基地使用权的退还，对他们来说心理成本较大。还有，"合村并居"后适应新环境产生的归属感等心理成本。

4. 农民参与宅基地置换房的收益

农民收益=农民参与宅基地置换房的收入-成本；农民参与宅基地置换房的收益=（农民获得的补贴+保障制度补贴+其他保障收入）-（购买新房的投入+生活成本的提高+其他成本）。只有当合村农民的收益大于或等于零时，农民才会积极参与宅基地置换工程。

农民参与宅基地置换房必须有明显收益，通过土地产权性收益增加农民的财富，农民参与的积极性才会高涨。除此以外，为保证农民"合村并居"后生产的可持续发展而制定的产业项目必须具有远期性。这种远期经济动力可促使农民转变其生产方式，提高他们的收入。还有，当地政府对级差地租收益按照一定比例分配，如果给予"合村并居"后农民比较好的社会保障，那么这种直接经济动力就会强劲，就会激发未进行"合村并居"农民的"合村并居"热情。

（二）文化动力

1. 文化的界定及其作用

文化的第一个定义是由英国学者泰勒（Edward Burnett Tylor）给出的，到目前为止，文化的定义已出现200多个。广义地说，文化就是"人类化"，凡是人类留下的痕迹都是文化；狭义地说，文化是意识形态、各种习俗、制度、自然科学和一切技术。而我国的"和合"思想，早在春秋战国时期就已形成，主张以和为贵，适用于家庭、民族、国家之间。我国文化与西方文化两相对比，其所具有的气度、胸襟和前途，无须多说，孰优孰劣，一目了然。① 马克思主义关于经济与文化关系论述的前半部分，即经济是基础，文化是经济的反映；一定的文化由一定的经济所决定。文化是经济的孪生姐妹，中国共产党第十七届中央委员会第六次全体会议指出，"文化越来越成为民族凝聚力和创造力的重要源泉，越来越成为综合国力竞争的重要因素，越来越成为经济发展的重要支撑"。这次会议，对于推动社会主义文化的大发展、大繁荣，乃至于促进经济的可持续发展都具有极其重要的意义。历史证明，文化是一个民族的灵魂，是经济发展的精神导向。一个国家只有带着充分的文化自觉、文化自信以及由此而来的文化自强，才谈得上伟大复兴。一个国家，只有当文化表现出比物质和资本更强大的力量时，这个国家才能进入更高的发展阶段。

2. 村落文化的两种类型

村落文化是农村社区发展的精神动力或内聚力。就我国农村文化而言，大致分为两种：一种是面海而居，具有开放、敢为人先的文化底蕴，特别是我国东南沿海一带的浙江文化即浙江精神。这种文化重视商业活动，没有"等、靠、要"的依赖心理，具有第一个"吃螃蟹"的冒险精神。这些思想观念交织在一起，形成一种群体性的开放、进取的文化意识。这种良好的村落文化可以为"合村并居"的推进提供强大的精神动力和智力支持，促使农民形成村落社区归属感和共同体意识，激发他们的发展欲望和利益需求，不断激发着他们积极主动地投身于社区发展；不仅可以激发社区精英有效地发挥带头示范作用和发展驱动作用；还可以促使农村社区居民内生互助与合作精神，最终为社区发展提供内在的精神支持和持久的凝聚力。通过对话、协作来化解矛盾。用辩证的思维看待每个个体间的差异，相互尊重、相互理解、取长补短、相互包容，最终达成整体性的和谐状态。② 中国社会科学院的折晓叶、陈婴婴，从整体上把握了我国

---

① 韩秀兰，阚先学. 高校思想政治课增强大学生文化自信的路径探究 [J]. 教育理论与实践，2019，39（18）：46-47.

② 韩秀兰，董卿. "和合"思想及其当代践行探究 [J]. 中北大学学报（社会科学版），2018，34（3）：93-95.

年产值过亿的超级村庄的上述文化特点；又通过个案对比研究，进一步剖析了我国年产值过亿的三类"超级村庄"的文化特点，即重视商业活动、具有冒险精神等。

另一种村落文化是农耕文化，目前我国"合村并居"的大部分地区基本上属于这种情况。这与我国现行的行政管理体制"压力型体制"有关。我国这种"施压—施惠"型的政府层级体制，对上负责并不等于对民负责。特别是由违背市场规律的技术化、数量化的评价体系所决定的政府行为往往与农民的真实意愿和利益相违背。在不发达地区的政府、市场和社会这三种力量中，地方政府处于强势地位，拥有市场经济的一部分经济功能，掌控着很多资源。因此，他们能够利用现行置换制度的不足和掌管置换房的主导权，把宅基地当作第二财政，以宅基地生财，赚取"快钱"，从而出现了"高卖低补"现象，强行置换。在这种体制下，上下级需求都是在这个封闭的体制内部运行的，农民的需求是被排斥在这个体制之外的，他们是地方政府追求自身利益最大化的代价偿还者。宅基地置换过程中，老百姓几乎没有什么发言权，置换与不置换、补与不补、补多与补少，完全由政府说了算。政府往往不尊重农民的知情权，对被置换农民补偿标准制定得过低而且很难及时完全到位。置换与补偿安置公告、补偿安置方案、听取意见等也都是事后程序，既导致了相关权利人缺乏参与、申辩的机会，也使社会舆论无从监督。同时，这种政府层级体制塑造了缺少自主意识、权利意识的官本位民众性格，为权力的滥用提供了世俗基础。正是这种由"内部性"形成的体制特征，成为导致政府悖论和失灵以及农民的权利与权力遭到抹杀的核心因素。

二、"合村并居"内源动力聚合的几点思考

第一，经济动力子系统和文化动力子系统之间不断进行着物质流、能量流和信息流的交换，形成合村地区的自我发展能力，推动着内生动力系统的运转。合村地区的自我发展能力是内生系统的内源性动力，在一定区域内，它决定了内生系统是否具有活力，其水平高低主要取决于"合村并

居"地区经济动力子系统中的近期、远期以及直接动力的大小还有该地居民的创新精神等文化动力。在"合村并居"的动力系统中，内生动力源起着重要的作用。

第二，有些人熟记马克思主义关于经济与文化关系论述的前半部分，即经济是基础，文化是经济的反映；一定的文化由一定的经济所决定。但他们却有意或无意地忽略了后半部分的论述，即一定的文化又反作用于经济，并给予重大影响。这种片面的理解，导致了对文化的轻视。其实，文化对于经济，不只是搭建一个平台搞好服务而已，更重要的是提供精神支持，为经济注入活力。中华人民共和国成立以来，尤其是改革开放的40多年间，我们的经济飞速发展，被称为"世界工厂"。直言不讳地说，在社会主义现代化建设中，曾经或多或少存在着轻视文化的倾向，尽管是比较而言，但带来的后果显而易见。一是计划经济年代，只有文化事业，没有文化产业，文化事业又受到条条框框的束缚，被排除于经济领域之外。二是产品缺乏创新能力，少有"中国创造"，竞争力不够，经济价值相对较低。来源于传统文化和民间力量的文化动力，能够冲破资源障碍甚至思想禁锢去推动事物发展，其推动力的大小实质上主要体现在对经济活动的支持度和贡献度。因此，学界、政府以及农民在"合村并居"中应该重视文化动力的重要作用。

第三节 "合村并居"外源动力

"合村并居"推进的根本性因素固然在于合村地区的自我发展能力，但是，外部的社会支持和外部力量也是一个至关重要的因素。与"合村并居"内源动力不同，其外源动力主要包括政策法规动力子系统、市场子系统以及其他社会各界的参与，本节将对这些"外源"动力逐一进行分析。

一、政策和法规

政策是国家分配资源的权威性手段和形式。政策分为国家政策、地区政策和当地政策。在社会发展中，国家政策不仅体现着国家政治发展的价值，而且在国家经济社会的发展中发挥着资源配置、资源调整、国家发展战略布局及规范国家行为等作用。国家政策是地区资源优势转化为发展优势、竞争优势，推动地区经济社会发展的重要手段。国家政策在地区的发展中，实际体现出国家经济社会发展的总体战略，也具有区域性经济社会发展中资源调整、平衡的作用。在促进区域的发展中，政策总是起到关键作用。要把资源优势转变成竞争优势、发展优势，最关键的一点就是在制定和实施经济政策的过程中，由于政策管理者（政策执行的干部基础）、政策受体（政策执行的群众基础）以及政策执行环境（政策执行的地理和基础条件）等各种因素影响，政策在施行过程中出现了达不到预期目的、同一政策在同一时期的不同地区、同一政策在同一地区的不同时期施行的效果不一样等明显的政策红利现象与"波尾效应"现象。政策的力量是国家和政府路线的具体体现，也是国家管理能够取得成效的重要资源，合理、科学的政策能够实现国家经济社会生活的稳定、有序和协调，对社会的整合与和谐运作具有重要的作用。面对我国农村建设用地粗放、浪费严重以及我国城镇化不断推进对建设用地需求不断增加的现象，我国需要提高耕地质量，节约集约利用建设用地，使城乡用地布局更加合理。也就是将农村建设用地与城镇建设用地直接挂钩，若农村整理复垦建设用地增加了耕地，城镇可对应增加相应面积建设用地。从2000年至今，全国开展城乡建设用地增减挂钩试点工作已经20余年，不少地方在盘活农村建设用地，增加农村耕地方面取得了卓越成效。

如果说国家政策是国家经济社会发展的总体战略，那么区域政策和当地政府政策则是中观和微观的措施。国家在各地区施行的政策是党和国家的理论政治主张向具体民间工作转化的中间环节。政策能够促进地区经济社会发展，不断修改补充完善政策，充分发挥政策对推动地区科学发展、和谐发展、跨越发展的积极作用。其创新力度的大小决定着一项政策实施的顺利与否。例如，为了解决"合村并居"中最容易导致国家和农民矛盾焦点的土地集体所有制问题，有些地区对农地和林地的承包权和经营权赋予相应的使用权和财产权，然后进行确权基础上的可流转和可交易的制度创新。又如，成都地区在"合村并居"中实行的地票制度，保障了农民的经济权益和财产权益，推动了该地"合村并居"工作的顺利进行。同时，当地政府执行力子系统是外生动力系统中不可或缺的组成部分。当地政府依本地状况执行上级政策，其执行力度的大小受我国基层财政体制、基层干部考核机制以及基层发展模式的影响，当其着眼于解决当地土地财政问题、注重政绩观、以 GDP 论英雄时，他们就会不顾上级政策，做出一些违背当地居民意愿的事情。

而法律规则能够塑造制度化的经济与社会生活，培养人们的守法意识和精神，从而有助于区域经济、社会生活纳入法治化的轨道。比方说，在社会主义新农村建设中，要真正实现"工业反哺农业，城市支持农村"还需要一个过程，特别是那些通不了路、看不起病、上不起学、喝不上干净水的特困地区，建设新农村更需要一个相当长的过程。为此，就需要在动员全社会力量，集中财力、物力、人力，打好扶贫攻坚战的同时，加快社会事业发展和社会保障体系建设，提高贫困人口的生活质量和综合素质。一是相关农村部门的建设投入向贫困地区倾斜，遏制和缩小越拉越大的发展差距。二是建立贫困地区农村最低生活保障制度，解决老、弱、病、残者的正常生活需要。三是建立健全合作医疗制度，保障贫困群众的身体健康。四是建立农村养老保障制度，使计生贫困户或无儿女户老有所养，力争在较长的时期内逐渐解决贫困人口的温饱问题，帮助贫困地区尽快摆脱贫困状况，逐步融入建设社会主义现代化强国行列。汉朝桓宽所著的《盐铁论》就指出："世不患无法，而患无必行之法。"意思是说，一个社会并不担心没有法令，而是担心没有坚决执行的法令。无法可以制定，有法却不执行，那么后果不堪设想。

二、市场

市场经济分为形成中、发展和发达三种，市场经济越发达对社会的推动力就越大。众所周知，市场是商品或服务的提供者和其消费者进行买卖交易的场所或领域。市场不仅是人类历史发展到一定阶段的经济范畴，而且是一个极其复杂的哲学范畴的概念。市场这一概念范畴不仅涉及经济领域，作为现代社会的市场，也必然包含着民族、文化、心理、政治、法律等要素特征。市场本身所具有的巨大功能必然会对"合村并居"地区农村社会的发展产生强大的推动力和牵引力。具体表现如下：

首先，市场经济有摧毁社会发展惰性的革命力量。在自然经济的经济类型中，狭隘性和地域性的生产力，加之建立在血缘、宗族、等级、身份、自然宗教等基础上的政治秩序和伦理观念，束缚着人的思想，制约着社会的生产和人的自由，构成社会发展的惰性。而市场经济突出了物质生产关系在社会关系中的重要性，使社会的其他领域从属于经济领域，尤其是经济利益原则，唤起了人的个性中的新的因素，刺激了人的需求和欲望，使人从物质基础的实在性上确立了主体性观念，再加之市场经济的生产社会化特点，必然驱使人从狭隘的血缘宗族关系、虚幻的政治秩序和伦理观念中解放出来，确立适合新的经济关系的政治秩序和伦理观念，这客观上具有摧毁社会发展惰性的作用。其次，市场经济还孕育和产生了自由、平等等精神文明。马克思曾指出："如果说经济形式，交换，确立了主体之间的全面平等，那么内容，即促使人们去进行交换的个人材料和物质资料，则确立了自由。"[1] 可见，平等和自由不仅在以交换价值为基础的交换中受到尊重，而且交换价值的交换是一切平等和自由的生产的、现实

---

[1] [德] 中共中央马克思恩格斯列宁斯大林著作编译局. 马克思恩格斯全集：第46卷 [M]. 中央编译局, 译. 北京：人民出版社, 1979：197.

的基础。①在市场经济中，从抽象的交换者角度来看，人与人之间的关系都是平等的，因为主体只有通过等价物才在交换中彼此作为价值相等的人，而且他们只是通过彼此以为对方存在的对象性的交换，才证明自己是价值相等的人。从形式上看，交换主体只有作为平等的人，才能进行交换，而在以前的自然经济类型中，等级制只能形成贡赋和无偿索取；从内容上看，在自然经济中，身份、地位等是人自由的基础，也是人占有物质材料的基础，而市场经济类型，则要求打破身份、等级、地位的差别，强调在物的面前人人平等和自由。正因如此，马克思深刻地指出："流通中发展起来的交换价值过程，不但尊重自由和平等，而且自由和平等是它的产物，它是自由和平等的现实基础。作为纯粹观念，自由和平等是交换价值的各种要素的一种理想化的表现；作为在法律的、政治的和社会的关系上发展了的东西，自由和平等不过是另一次方上的再生产物而已。"②应该指出，市场经济类型中蕴含的自由和平等因素，只是一种形式，因为在市场经济的经济类型中，交换行为之外的自然差别是社会平等和自由的基础。

三、工业化和城市化

正如孟德拉斯所言："具有现代意识的农业劳动者比一般的农业劳动者消息更加灵通，他们更经常地收听广播和阅读报纸。此外，进步的农业劳动者在两方面与传统的农业劳动者有明显的区别：他们更经常地走出农场到附近的城市里去，他们当中认识农业技术员的人要多得多。这些接触对于他们确定方向似乎具有决定性的意义。"③ 同样地，城市化在区域经济发展中具有不可估量的重要作用，也是地区实现现代化与可持续发展的根

---

① [德] 中共中央马克思恩格斯列方斯大林著作编译局. 马克思恩格斯全集：第46卷 [M]. 中央编译局, 译. 北京：人民出版社, 1979：197.
② [德] 中共中央马克思恩格斯列方斯大林著作编译局. 马克思恩格斯全集：第46卷 [M]. 中央编译局, 译. 北京：人民出版社, 1997：477.
③ [法] H. 孟德拉斯. 农民的终结 [M]. 李培林, 译. 北京：社会科学文献出版社, 2005：165.

本保证，人们参与经济交易的权益通常是经济增长的强大动力，也就是说，人们参与社会活动的行为是社会发展的必要前提。结构不合理，城市化水平比较低，严重削弱了该地区的城市吸纳力和辐射力。历史地看，"中国农业在19、20世纪，就成为世界商品市场的一部分"，历史的车轮进入21世纪，我们不能再忽视市场的巨大功能了。市场本身所具有的巨大功能必然会对"合村并居"地区农村社会的发展产生强大的推动力和牵引力。由于工业化和城市化是影响现代化进程的主要因素，而"合村并居"是我国现代化进程中的一段历程，因此，工业化和城市化作为外源驱动力是外生动力系统的动力源。

四、社会各界力量的参与

1988年，山东省政府和德国巴伐利亚州以及德国汉斯·赛德尔基金会共同把青州市南张楼村确定为"中德土地整理与农村发展合作试验区"。该项目包括片区规划、土地整合、机械化耕作、农村基础设施建设、修路、发展教育等多项措施。这个被称作"巴伐利亚试验"的项目，是德国农村发展的普遍模式。德国在二战以后，通过土地整理、村庄革新等方式，实现了"在农村生活，并不代表可以降低生活质量"的目的，使农村经济和城市经济得以平衡发展，明显减弱了农村人口向大城市的涌入。这一计划50年前在巴伐利亚开始实施。南张楼村位于山东省青州市北部的何官镇，距离市区约40千米，是一个不靠城、不靠海、不靠大企业、不靠交通要道、无矿产资源、人多地少的典型的北方平原村落。南张楼村是何官镇最大的行政村，辖区面积98平方千米，耕地面积420公顷，共1108户，4206人。20世纪80年代末，随着中国改革开放的不断深入，中国也开始出现大量农民涌入城市务工的现象。于是，德国人希望把在本土成功运行的农村发展模式运用到中国来，复制到南张楼村。1987年7月9日，山东与巴伐利亚州正式建立友好省州关系。1988年，德国巴伐利亚州汉斯·赛德尔基金会选中南张楼村实施中德合作"土地整理和村庄革新"

项目，这是中德双方确定的合作项目中唯一一个农业项目，这个项目德方主要以传播先进理念以及培训人才为主，经济支援为辅。

在"土地整理和村庄革新"项目落户之前，南张楼村在青州属于中等偏下的一个农村。1988年以前，这个村和它周边的北张楼、张楼店等村没有什么差别：人多地少，农民除了土里刨食外，没有什么额外的收入。村庄内，到处是破旧的老房子，脚下是晴天一身土、雨天一身泥的土路。而德方看中的正是该村当时的这些天然劣势：一不靠城、二不靠海、三不靠大企业、四不靠交通要道、五没有矿产资源、六是人多地少。当时青岛和烟台有两个更发达的村子也想竞争这个项目，但最后都败给了南张楼村，因为在德方看来，南张楼村更符合他们心目中的典型中国北方平原农村形象。

这个具有典型中国北方农村特点的平原村落，经过中德23年的合作，1988年中国与德国巴伐利亚州汉斯·赛德尔基金会进行的"土地整理和村庄革新"项目，使南张楼村实现了城乡等值化发展的新农村建设模式。如今的南张楼村，共计1200户，4200余人，耕地面积6308亩，2005年全村人均收入为5030元，2017年为22350元，2020年为32000元。[1] 南张楼村实现了城乡等值化发展：生活区安静，没有污染；教学区独立，学生不会受到工厂的噪声影响；工业区则是水、电、路齐全；土地实现全过程机械化作业。村内兴建了80多个企业，农民工作模式改变：农业生产成为副业，而企业生产成为正式职业，好多企业还为农民工买了养老、医疗保险；农民收入提高，成功地留住了人，项目实施前该村居民4000人，目前还是4000人；居民生活方式改善，基础生活设施完全脱离了农村氛围，人们生活在准城市化规划的大范围内。用村里年轻人的话说，他们想不出城里面有什么东西是南张楼村没有的。

---

[1] 张文波.南张楼土地整治模式对我国农村发展启示[EB/OL].中国村庄，2022-8-23.

第四节 "合村并居"综合驱动力构建及其层次性

一、综合驱动力的构建

"合村并居"是其内生、外生动力系统之间相互联系、相互作用的结果。为了从动态上分析两者之间的相互作用对"合村并居"推进的作用,本书运用物理学中的力学概念,运用合村地区的自我发展能力、外源驱动力这两个矢量概念进行分析[①]。合村地区自我发展能力的作用力方向代表"合村并居"内生性发展方向,是一种农村发展的正向驱动力,不存在正、负效应之分。因此,不完全等同于物理学意义上力的概念。而外源驱动力的作用力方向代表该地区的工业化和城市化形成的外源驱动方向。由于该驱动力受时空差的影响,有正、负效应之分。农村自我发展能力和外源驱动力这两种分力的综合反应能力与物理学概念中力的平行四边形法则原理极为相似,也是一个矢量概念,表示"合村并居"的综合驱动力,其大小和方向由以此两力为两边构成的平行四边形的对角线确定、影响和决定着"合村并居"的规模、速度和进程。

二、综合驱动力的三种层次

OA 为"合村并居"外源驱动力;OC 为合村地区自我发展能力;OB 为综合驱动力,ρ、θ 分别为"合村并居"地区外源驱动力 OA、合村地区自我发展能力 OC 与综合驱动力 OB 之间的夹角。OD、OE 分别为 OA、OC 在 OB 上的垂直投影。Ⅰ、Ⅱ、Ⅲ、Ⅳ表示四个象限。综合驱动力的三种状态:为正且力量较大时、虽为正但力量较小时、为负向时,如下图3-1、图3-2、图3-3所示:

[①] 韩秀兰. 动力系统视域下,"迁村并居"推进的可行性研究 [J]. 系统科学学报,2014(3):87-89,92.

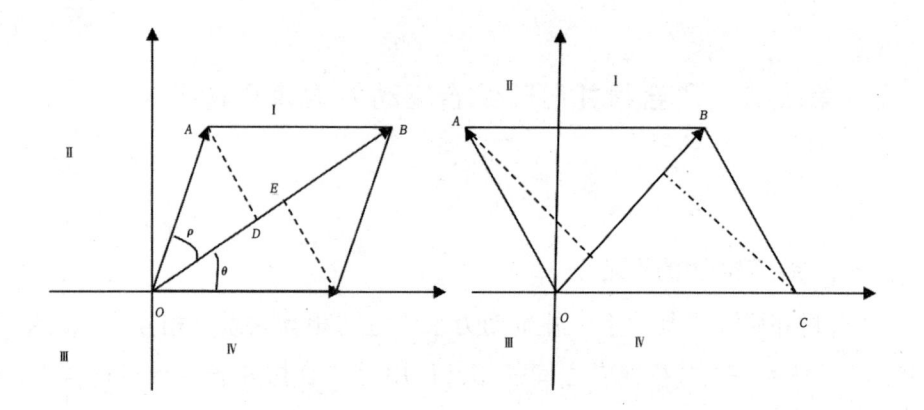

图 3-1 综合驱动力为正且力量较大

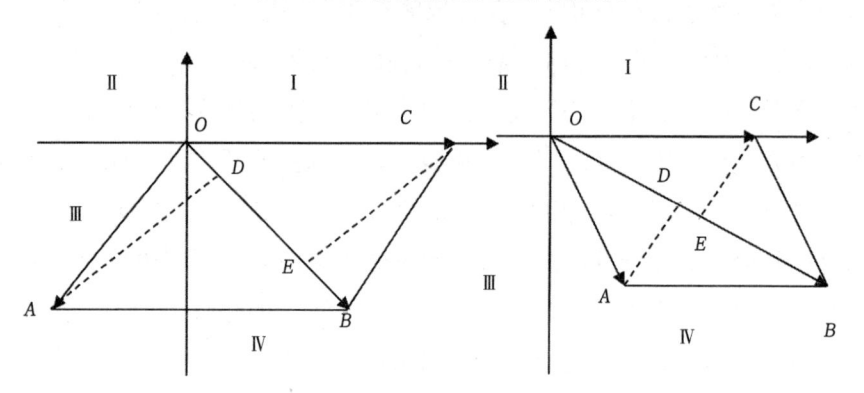

图 3-2 综合驱动力为正但力量较小

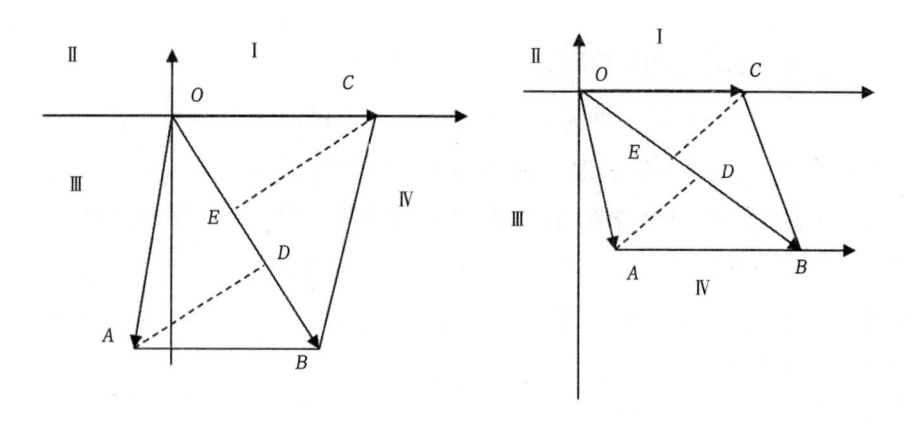

图 3-3 综合驱动力为负

（一）综合驱动力为正数且力量较大

在该状态中，外源驱动力处于坐标平面中的第一象限和第二象限，呈正向推动，即 $OD > O$；该地区的自我发展能力为正向驱动，即 $OE > O$，在工业化和城市化的强有力的正向驱动以及与该地区较强的自我发展能力的合力推动下，综合驱动力 OB 处于第一象限，$OB = OD + OE > O$。这种状态表明，"合村并居"综合驱动力为正数且力量较大。

从"合村并居"外生系统的动力源——外源驱动力来看，京津冀交界处、长三角、鲁中南及山东、广东、浙江沿海一带是经济发展水平和现代化程度相对高的地区，被称为经济辐射源，其现代化和经济发展的水平高，辐射范围大。我国第七次全国人口普查数据显示，我国城镇常住人口为90 199万人，占总人口比重为63.89%。上述地区城市化率是70%左右，北京、天津、上海、浙江、江苏的城市化率分别高达87.55%、84.70%、89.30%、72.17%、73.44%[①]；中国社会科学院学者综合多种工业化阶段划分的理论观点，提出了一套综合评价国家或者地区工业化水平的指标体系和方法。其中人口城市化率，第一、二、三产业产值比，第一、二、三产业就业比等是用来衡量地区工业化进程的重要指标。例如，2019年长江经济带产业结构稳步升级。长江经济带地区经济结构中，第一、二产业比重不断降低，第三产业比重持续上升。第一产业增加值70 467亿元，第二产业增加值386 165亿元，第三产业增加值534 233亿元。第一、二、三产业结构为6.7∶39.8∶53.5。[②]按照上述算法，2020年上述地区的工业化水平综合指数已经达到了100，进入工业化后期的阶段。也就是说，珠三角城市群、长三角城市群、京津冀城市群三大城市群经济能量集聚，提升了对其农村地区的辐射能力。还有，就社会参与力量系统和外来投资系统而

[①] 张鹏飞，谢识予. 长江经济带一体化发展促进了产业结构转型升级吗？[J]. 经济体制改革，2020（6）：178-184.

[②] 中商产业研究院. 2019年京津冀地区及长江经济带GDP数据分析[EB/OL]. 中商情报网，2020-12-14.

言，2020年仅外商通过进行工业园区开发、开发项目等形式对上述地区的农村进行的投资额就达到了16800亿美元，占到外商在全国农村投资总额的74.3%。[1]

从"合村并居"的内生动力源——合村地区自我发展能力来看，上述地区受三大城市群的带动和辐射以及"三驾马车"引领发展政策的影响，在市场经济的体制下，依靠社区集体力量有效利用和整合农村社区内外部资源，率先发展以乡村工业为主导的非农产业，促使大量第一产业人口从农业生产和农村生活中解放出来，向第二、三产业转移。就经济动力子系统而言，合村农民入住成本、规划的产业项目的发展潜力、农村集体建设用地指标流转所得的级差地租收益中用于主要建设和社保资金的份额近期、直接以及远期经济动力都较为强劲。就文化子系统而言，上述地区面海而居，具有开放、敢为人先的文化底蕴，特别是我国东南沿海一带的浙江文化，即浙江精神。这种文化重视商业活动，没有"等、靠、要"的依赖心理，具有第一个"吃螃蟹"的冒险精神，这些思想观念交织在一起，形成开放、进取的文化意识。上述地区进行"合村并居"，不是靠外部力量强制推行的，主要是以当地农村居民、企业家为主体在实践中不断探索，自愿选择，然后政府加以引导和规范的结果。这种文化动力能够冲破思想禁锢和资源障碍，那些具有创新精神的民间企业家以"敢为天下先"的勇气和胆略，带领其他农村居民自下而上地推动"合村并居"实施。

总之，上述地区外生动力系统的动力充足，内生动力系统的动力强劲，有利于"合村并居"的推行，甚至可以绕过建立农村社区这个阶段而直接建立"村改居"[2]，直接过渡到城市社区。该政策的推进不但能够改善农民的生活质量，有利于农民向市民过渡，农村向城市追赶，而且能实现"城乡建设土地增减挂钩"的国家战略目标。这可能是目前我国学界支

---

[1] 黄群慧，李芳芳.中国工业化进程报告（1995—2020）[M].北京：社会科学文献出版社，2020：19-44.
[2] 周大鸣，周博.村改居后集体资产问题的思考——以珠三角为例[J].社会学评论，2021，9（1）：164-174.

持"合村并居"的理论根据。

（二）综合驱动力虽为正数但力量较小

在这种状态下，工业化和城市化进程阻碍着合村自我发展能力，所以 OD 处于第三象限或第四象限，为负向驱动，用 $-OD$ 表示；尽管工业化和城市化进程侵蚀、阻碍了农村自我发展能力，但这种阻力仍小于该地区农村自我发展能力，所以综合驱动力 $OB=OE+(-OD)>0$，即 $OB>0$ 这种状态表明，综合驱动力虽为正数但力量较小，无法促使"合村并居"顺利推进。我国中西部广大的农村地区以及我国东部沿海地区以农业为主导的黄淮海平原等地区，被称为"后发型"农村，其综合驱动力状态不能促使"合村并居"顺利推行。从外生动力系统的动力源看，"后发型"地区的大中城市，城市化率较低，平均约为32%，[①] 工业化水平处于工业化中期的后期阶段或工业化后期的前期阶段。[②] 由于大、中城市的辐射能力较弱，工业基础比较薄弱，据统计，2020年这些地区从事第一产业的人口数量占总就业人员数量的42.4%，高于全国平均水平38.1%。[③] 由于距离大、中城市远，第三产业也仅停留在提供维持乡镇正常运转的基本服务，无法提供较多的就业机会，所在的乡镇经济发展滞后，农业仍然是该地区的主要产业，农业在国民经济中的比重占到38%。[④] 农民难以向小城镇聚集，绝大多数农户还是散居在原有的居住地上。尽管"后发型"农村地区自然资源禀赋条件不错，但由于交通不便，基础设施落后，没有给予配套的优惠政策和税收方案以及知识和技术型人才匮乏等原因，社会力量来此投资的兴趣不大。因此，外生动力系统的动力源虽成正向但力量微弱。

从内生系统的动力源来看，经济系统和文化系统是孪生姐妹，"后发型"农村地区，一般深居内陆地区，以农耕经济为主，农耕文化根深蒂

[①] 葛树山. 农村城市化过程中的问题与解决策略 [J]. 区域治理，2019（39）：35-37.
[②] 齐咏诗. 农村工业化动力机制研究 [J]. 合作经济与科技，2021（23）：15-17.
[③] 甄新武. 农村人口占比对产业经济的影响研究 [J]. 安徽农业科学，2022（4）：187-190.
[④] 黄群慧，李芳芳. 中国工业化进程报告（1995—2020）[M]. 北京：社会科学文献出版社，2020：19-44.

固。在这种群体文化氛围中，守旧、守土、平均主义、惧怕风险、"等、靠、要"思想以及等级观念、官本位意识等自然经济观念交织在一起，构成一种封闭的文化意识。这种农耕文化导致了当地民营经济发育迟缓；使人们长期习惯于听从上级的安排，当涉及与自身利益有关的制度安排时，人们一般采取逆来顺受的策略，少有与政府官员争个长短的居民，人们普遍存在"搭便车"行为。

从以上分析来看，在我国广大的"后发型"农村进行"合村并居"，条件不成熟；如果由于政府的政策主导，而被迫"拉入"城市化，这种现象被称为"被城市化"。"被城市化"的农民尤其是对那些还主要以耕地从事农业生产的农民来说，上楼后生活成本的提高将会造成"上楼致贫"的不良后果。还有，农民"合村并居"后，由于离自己的耕地较远，需要驾驶摩托车或农用三轮车去从事生产，这无疑又增加了他们的生产成本并给他们的生活带来了一定的安全隐患。对"后发型"农村地区来说，当地政府应以当地经济发展的实际状况为出发点，而不是只着眼于政绩和实施该政策所获得的土地财政。

（三）综合驱动力为负向时

在这种状态下，工业化和城市化形成的外援驱动力成负向，处于第三和第四象限，用 $-OD$ 表示；由于这种驱动力严重阻碍着合村地区自我发展能力，而且这种阻力大于该地区农村自我发展能力，所以尽管 $OE > 0$，综合驱动力 $OB = OE + (-OD) < 0$。也就是说，综合驱动力为负向状态时，"合村并居"完全不具备推行条件，从理论上说是不应该推行的。

从外生动力系统的动力源来看，"滞发型"农村地区远离大城市，其经济辐射力几乎无法影响到这类地区，工业化和城市化的驱动力为负向，主要依靠国家输血式的援助以及社会的援助、扶持来解决其农村居民的生存问题。从内生动力系统的动力源看，"滞发型"农村地区的村落经济社会发展长期处于停滞状态，村落无集体经济积累，农民对村落发展没有信心，缺乏村落经济发展的内在动力。

我国中西部地区的贫困村以及煤炭资源、钢铁资源处于枯竭期的农村地区，这种类型的农村属于"滞发型"农村。恶劣的自然环境以及必要的发展资源的匮乏致使这些地区的农民仅能维持生存或者还处于极度贫困、难以维持生存的状态；更有甚者，由于矿区开采导致地面塌陷、环境污染等一系列负外部效应的逐渐显现，农业生产耕作和当地农民的正常生活受到了严重影响，当地农村经济社会的可持续发展遇到了很大危机。对于这类连生存问题都要依靠外界才能解决的地区，实施"合村并居"是不可行的。

（四）综合驱动力不足而强制推行"合村并居"的思考

"合村并居"是一项系统工程，是合村居民经济条件、文化素质达到一定水准的产物，切不可违背民意，搞"大跃进"，错误地认为"合村并居"就是农民住楼，就是提高农民的幸福感、满足感和获得感。要清醒地认识到，"合村并居"的核心在于提高农民科学文化素质，切实增加农民收入，提升农村自我发展能力。如果综合驱动力不足而强制推行，虽然可能会给地方政府带来不少的收益，但必定会给农民带来灾难，埋下社会动荡不安的"种子"。

第一，对"合村并居"的农民来说，损失很多。一是土地使用权利益的损失。按照国土部门规定，每户农民有 0.3 亩宅基地，但在实际操作中，农民的宅院已经包含了划给农民的自留地，一般每户 1 亩地左右。"合村并居"后，农民的宅基地和自留地被用于工业和城市开发，但得不到补偿；即使安置房有集体土地使用权，土地面积也大大缩水。现有农村居民的宅基地是农民的既得利益，也是农村土地集体所有制下的应得利益。在国家土地政策的限制下，地方政府为了增加城镇建设用地面积、增加地方土地财政收入，通过"合村并居"使农民集中到政府压缩宅基地面积后的多层楼房和两层住宅居住。按照我国法律规定，农村宅基地属于集体所有、家庭使用，是农民的现实财产。宅基地与房产是农民财产的两个组成部分，但性质和功能不同。农民拥有宅基地，在住房破旧时可以自行再建，但如果农民失去宅基地而只有房产，房产破旧时则不能自行建造。因此，单纯地以拥有独立宅基地的房产换取没有独立宅基地的房产对于农民是利益损失。

二是已退出宅基地的农民无缘"建设用地增减挂钩"所产生的增值收益。农民腾出宅基地后，集体建设用地指标将在此处"落地"。按照各地政策，这些指标部分就地转为工业用地，部分转为城市建设用地，其中蕴含的级差地租，政府将从中获益。国土资源局"增减挂钩"政策要求，新建地块实行有偿供地所得收益，"要用于项目区内农村和基础设施建设，优先用于支持农村集体发展生产和农民改善生活条件"。但并没有详细规定收益如何分配，各试点地区在操作上也不尽相同。

三是生产生活成本提高。村庄撤并必然带来了居住地和农田之间的距离变远的问题，给农民生产带来了不便。而且有些社区为了"节约资源"或为了"村容村貌"，盲目改建多层建筑，农民统一住上了高楼，农民的生产工具却无处存放，农民更无法养殖牲口家禽，减少了农民的收入，同时高楼的消费也增加了农民的生活成本。

四是心理成本。心理成本则主要指"合村并居"者对农村和亲友的眷恋心理，对农村生活习惯的眷恋心理，对新工作和新生活环境的不适应心理，对失去土地的恐惧心理和对小区公共服务不到位的不满心理。

在我国以农耕为主的地区，农民一旦失去赖以生存的物质基础，就会埋下社会动荡不安的"种子"。假如在工业不发达的地区，"合村并居"之后，农村土地实行集约经营，意味着大批农民失去赖以生存的土地，农民生存和增收的基本物质条件不仅进一步被削弱，而且，集约经营的土地由于机械化作业，大部分合村农民会成为无业游民。中国农村的稳定是中国社会稳定的支柱，因此，大量无业游民的存在将为中国社会的稳定带来可怕的隐患。

以"合村并居"试点搞得最为火爆的山东来说，当前山东农村的生产力发展水平极不平衡，物质和精神文化尚处于较低的层次，经济承受能力非常有限，在这种情况下，搞这样的全体农民"被上楼"运动，不仅会使农民返回赤贫状态，而且会使大部分农民背上沉重的经济负担，大大降低农民的经济能力，属于一次性把农民的口袋掏空，是涸泽而渔的行为，最终致使山东农村经济陷于长期滞停状态。此举脱离了实事求是的原则，不符合农村社会经济发展的基本规律。

第二，对县乡政府而言，"合村并居"可谓好处多多。一是不必经过土地征用，集中安置房建设成本低。由于农民小区用地大多是农村集体土地，不必经过国家征用，也不用支付征地费用，这大大降低了用地成本。由于原宅基地也属农村集体土地，地方政府以"宅基地置换"为名，不给拆迁农民宅基地补偿。而且，从"合村并居"、宅基地置换中每腾出1亩地，补贴10万~20万元，这里面有巨大的经济利益。还有，合村居民住楼时缴纳的每平方米差额费用将是巨大的经济收入。二是农民拆合后，原宅基地可集中用于工业和城市建设。一些地方甚至不经过征用，直接由基层政府在原村庄集体土地上搞工业，称为"农村集体建设用地流转"。三是农民集中居住后，由于距离承包地较远，基层政府实际上强化了对农民土地的支配权，可以集中农民的承包地招商引资，搞生态农业或农业示范园区等。"合村并居"试点之所以被基层政府急不可耐地贯彻执行，是因为合村居民"被上楼"的背后，凸显的是巨大的经济利益，是经济利益的驱动使然。腾出的土地可以流转，用来出租、招商，因此可以获取巨大的收益。所以让农民住楼的背后隐藏着较大的经济利益，这可能是有些省份"合村并居"中大拆大建的意图和目标。因此，会导致地方政府与民争利的行为发生。

总而言之，尽管我国的"合村并居"试点大拆大建的做法是出于乡村振兴战略，改善村居环境的考量以及对提高农民获得感和幸福感的思考，但有些省份在具体操作上有操之过急之嫌，存在扰民、与民争利的现象。因此，"合村并居"应当因地制宜，在充分尊重民意的基础上进行，切不可一哄而上，严重影响干群关系，影响国家稳定的大局，应当切实从发展生产力的角度维护和促进农村经济的可持续发展，不可采取涸泽而渔的方式。

三、综合驱动力由低层次向高层次转换的实现条件

1. 制度和体制是实现转换的关键

赶超式、跨越式发展的实质是生产要素的高效配置过程。很显然，任何配置过程都是在一定制度和体制下实现的，当制度和体制与经济发展相适应时，就能促进赶超式、跨越式发展；反之，就会影响赶超式、跨越式发展，甚至导致"负赶超"现象的出现。因此，综合驱动力较低的地区在研究赶超式、跨越式发展时，必须十分注意制度和体制的因素。按照新制度经济学的观点，制度的主要目标是增大信息流，降低交易成本，实现资源的优化配置。如果忽视对基本制度和体制框架的软投资，一味突出只能带来短期增长效应的硬投资，结果在旧的框架下，市场经济特有的激励机制得不到充分发挥，"合村并居"就会陷入低水平状态。

2. 资本和技术的跨区域、国界流动使转换成为可能

生产要素跨区域流动规模的扩大促进了国内区域经济一体化水平的提高。一般而言，生产要素跨区域流动规模的扩大与区域经济一体化程度之间是存在着较为明显的互为因果关系的，一方面推进区域经济一体化的主要目的就是要扩大资源配置的范围和提高资源的配置效率，另一方面生产要素跨区域流动规模的扩大又构成了区域经济一体化的客观物质基础及推动力量。事实上，只有区域间生产要素的流动规模扩大了，区域经济一体化及各产业部门、企业等中观和微观经济体在更大范围内优化资源配置的愿望才能落到实处。不仅如此，跨区域要素流动规模扩大现象的客观存在，又进一步增强了破除不合理区域经济分割之现状，并进而为加快区域经济一体化的进程注入了新的动力。具体说来，要素跨区域流动规模的扩大对区域经济一体化进程的促进作用主要体现在以下两方面：

一是有利于区域产业分工深化和使区域经济在产业结构层次上建立起更为紧密的相互依存关系。之所以如此，关键性的原因就在于，区域经济分工不仅可以使各地具有比较优势的资源能得到充分利用，从而提高区域经济发展水平和增进区域经济福利，而且这样的一种分工深化还可以产生

规模经济和集聚经济效益并进而有助于范围经济的形成。尽管如此，区域分工深化要求相应的条件做支撑的，就是区域经济必须是开放的，否则的话，各区域就只能保持"大而全，小而全"的自给自足状态并丧失分工所包含的经济利益。

二是要素跨区域流动规模的扩大还可以经由贸易创造过程而进一步强化区域间的贸易联系。之所以如此，主要的原因就在于：国内区域间要素流动规模的扩大首先将直接促进国内区域经济的一体化，而国内区域经济发展一体化水平的提高，又将会通过贸易创造效应而形成进一步促进区域经济发展一体化的正反馈效应并最终形成要素跨区域流动规模扩大和区域经济一体化进程加快之间的循环促进过程。

3. 较高素质劳动力充足供应是转换的重要条件

高素质劳动力就业对生产者服务业的反向促进作用。在生产者服务业对高素质劳动力就业发挥了积极作用的同时，高素质劳动力对生产者服务业的发展也具有反向促进作用，即二者间存在一种"互动"机制。这种反向促进作用主要是通过高素质劳动力的"集聚作用"和"知识外溢"、产业间的相互关联以及服务业的"黏合剂"作用发挥出来的。生产者服务业大都是知识密集型服务业或信息密集性服务业，作为高素质劳动力的"蓄水池"，生产者服务业中聚集了大量高素质的人力资本。作为经济的"黏合剂"，生产者服务业中的从业人员在日常工作中需要接触大量新信息、新知识和新技术，及时更新客户需求，并且把其他领域内的创新活动进行转化和重构，从而推动了新技术和新创意的扩散，甚至这个过程本身就产生了新的创意。而这种"黏合"活动，由于产业间的前后向关联，又需要生产者服务业内的不同行业部门，甚至是生产者服务业和制造业部门之间的高素质人员的大量交流与沟通，以使这些新创意能够变为实物产品。在这个过程中，人才交流与新知识的传播扩散效应是明显的。汤姆林森（Tomlinson）等人的研究就表明了生产者服务业中人才流动与知识扩散之间的密切关系。由于高素质人才的大量集聚，生产者服务业内高素质人力资本的交流频繁，知识转化、扩散与传播能力大大增强，创新活动异常活跃。因此，生产者服务业一方面大量吸纳了高素质劳动力就业，高素质人力资本的"集聚作用"和"知识外溢"反过来又推动了生产者服务业的迅速发展。更重要的是，当今生产者服务业在某些领域中的创新超过了制造业部门，逐步发挥出其在创新领域内的"先导性"作用。

4. 巨大的市场潜力是转换的重要吸引力

市场扩张和发展是"合村并居"推进的前提条件，综合驱动力落后的地区要想实现赶超式发展，必须建设和发展一些新兴的产业和部门，通过这些产业和部门的发展来带动"合村并居"的顺利起飞。但是一个产业和部门的发展，更重要的是取决于该产业和部门的产品是否拥有市场或市场潜力，如果拥有的市场潜力巨大，那么将会为"合村并居"推进奠定坚实的基础。赶超式、跨越式发展还要顶住市场需求的最新变化，即消费模式的转化，没有需求的跨越，供给的赶超式增长是不可能的。所以，综合驱动力较低的地区应重点培养新的市场和创造新的需求。

小　结

首先，本章从不同的需要对"合村并居"的动力要素进行了分类，为使划分更有现实针对性，更有助于分析的把握和进行，将其动力要素和系统做出一种类型上的划分，即内源动力和外源动力。接着，本章从经济动力和文化动力两方面分析了"合村并居"的"内源"动力，得出自我发展能力是内源动力的动力源，并就"内源"动力聚合进行了几点思考；从政策法规动力子系统、市场子系统以及其他社会各界的参与层面对"合村并居"的"外源"动力逐一进行了分析，得出外源驱动力是"外源"动力的动力源。

紧接着，运用物理学中的力学概念，利用内源动力的动力源——自我发展能力以及"外源"动力的动力源——外源驱动力这两个矢量概念进行分析。自我发展能力的作用力方向代表"合村并居"内生性发展方向，是农村发展的一种正向驱动力,不存在正、负效应之分。因此,不完全等同于物理学意义上力的概念。而外源驱动力的作用力方向代表该地区的工业化和城市化形成的外源驱动方向。由于该驱动力受时空差的影响,有正、负效应之分。农村自我发展能力和外源驱动力这两种分力的综合反应能力与物理学概念中力的平行四边形法则原理极为相似,也是一个矢量概念,表示"合村并居"的综合驱动力,其大小和方向由以此两力为两边构成的平行四边形的对角线确定,影响和决定着"合村并居"的规模、速度和进程。

然后,分析综合驱动力的三种层次,当综合驱动力为正数且力量较大时,"合村并居"地区的自我发展能力强劲,外源驱动力充足,有利于"合村并居"的推进,甚至可以绕过建立农村社区这个阶段而直接建立"村改居",直接过渡到城市社区。这可能是目前流行的支持"合村并居"观点的重要论据。但当综合驱动力虽为正数但力量较小时,或综合驱动力为负向时,"合村并居"地区的自我发展能力不足或严重落后,外源驱动力落后,"合村并居"的推进动力不足或无法推进。这种情况与目前流行的反对"合村并居"观点是一致的。通过以上分析,我们得出结论,对于"合村并居"能否推行,我们既不能一概否定,也不要一味肯定,要根据合村地区的综合驱动力发展层次而定。我们知道,系统理论最为重要的一个原理就是其本身涨落的动态性以及环境变化的随机性,综合驱动力能够实现由低层次向高层次转换,其转换的实现条件包括:一是制度和体制的转换;二是要实现资本和技术的跨区域、国界流动;三是要有较高素质的劳动力支持;四是要有巨大的市场潜力。这是转换的重要条件。

第四章

"合村并居"各利益相关者博弈

我国"合村并居"的推进是中央政府、地方政府、农村集体经济组织、农民以及房地产商等各利益相关者合力推动的结果。由于价值取向和行动方式不一致，围绕着土地增值收益等潜在的外部收益，各利益相关者在利益最大化的驱动下，总是希望选择有利于自身的制度安排。但在当前的政策之下，"合村并居"正在各省进行试点，还没有成为我国的一项制度，这就导致各利益相关者不停地寻找新的制度安排，以便获取最大的潜在收益。

因此，本章将在概括"合村并居"中各相关利益者的基础上，分析他们的价值取向和行动方式，探索他们是如何围绕潜在收益进行反复博弈以达到利益均衡的过程，以便全面认识他们的动机和制度创新前后的利益均衡，为正确认识"合村并居"外生动力系统中制度创新的重要性提供可靠依据。

第一节 "合村并居"中利益相关者分类

关于利益相关者的界定以及分类，笔者已在理论基础部分进行了描述，在此不再赘述。在"合村并居"中，参与主体的利益目标不尽相同，全体人民的利益最大化是中央政府的目标，获得土地增值收益是地方政府、农民、集体经济组织的目标，但中央政府并没有被完全屏蔽在土地增值收益外。因此，笔者将"合村并居"的利益相关者分为中央政府、地方政府、农民集体经济组织和农民。

一、中央政府

在诺斯的国家理论中，"国家"有着丰富的内涵和外延，不是一个抽象的概念。从经济学角度来讲，国家是由追求自身利益最大化、需求偏好多样化、有理性选择个人及其集团组成的一个比较利益的组织。这个组织的目的是使其成员的福利或效用最大化。因此，他们在行事原则、价值取向乃至目标与行动的选择上会时刻权衡自己的利益得失，并以规避风险、减少成本、增加收益作为其行为选择的依据。在现代社会，我国是一个超大型社会，要实现社会的整合，实现社会成员的福利或效用最大化，客观上必须有一个统一的中央权威来管理国家事务，这个中央权威就是"中央政府"。

随着我国工业化、城市化的推进，城市基础设施建设、小城镇建设及农村乡镇企业的迅速发展，对集体建设用地的需求激增，国家耕地资源日趋紧张[1]，耕地是保障国家粮食安全的根本所在。2016年，我国人均耕地面积为0.10公顷。2021年，我国人均耕地面积为0.007公顷，远远低于0.202公顷的世界平均水平。[2] 土地是粮食生产的命根子，保障国家粮食安全的根本在耕地。因此，合理利用土地和切实保护耕地是我国一项基本国策。

严守耕地保护红线，坚持耕地质量、数量、生态并重。2017年国务院制定《全国土地利用总体规划纲要（2016—2030年）（以下简称《纲要》）。

《纲要》主要阐明规划期内国家土地利用战略，明确政府土地利用管理的主要目标、任务和政策，引导全社会保护和合理利用土地资源，是实

---

[1] 李飞, 张克, 董锁成, 等. 中蒙俄经济走廊耕地资源格局与合作战略研究[J]. 地理研究, 2021, 40 (11): 3063-3072.

[2] 国务院. 国务院关于印发全国国土规划纲要（2016—2030年）的通知: 国发〔2017〕3号[A/OL]. 中国政府网, 2017-2-4.

行最严格土地管理制度的纲领性文件,是落实土地宏观调控和土地用途管制、规划城乡建设和各项建设的重要依据。《纲要》再次强调了我国耕地保有量到2020年和2030年分别保持在18.65亿亩和18.25亿亩的目标。

《纲要》指出土地利用总体规划的有效实施,促进了国家粮食安全和国民经济平稳较快发展,缓解了生态环境被破坏加剧的趋势。但是,我们必须清醒地认识到,我国人口众多、人地关系紧张的基本格局没有改变,土地利用和管理还面临一些突出问题:建设用地粗放、浪费较为突出。据调查,全国城镇规划范围内共有闲置、空闲和批而未供的土地近26.67万公顷(400万亩)。全国工业项目用地容积率为0.3~0.6,工业用地平均产出率远低于发达国家水平。2021年3月5日,第十三届全国人民代表大会第四次会议,国务院编制了《国民经济和社会发展第十四个五年规划和2035年远景目标纲要(草案)》,国务院总理李克强在做政府工作报告中提到,坚持农业农村优先发展,严守18亿亩耕地红线,加快农业转移人口市民化,常住人口城镇化率提高到65%。《纲要》反映了土地利用规划最核心的管理意图,其意义体现在两方面:一是突出对耕地的特殊保护;二是强调对建设用地的控制。

为了确保我国的18亿亩耕地红线,保障我国的粮食安全,提高土地利用效率的长远目标,中央政府成为"合村并居"中的一个单独的利益相关者。中央政府为城乡建设用地制定宏观政策,在全国各地进行"合村并居"试点,确保城乡建设用地增减挂钩,同时达到改善农村居民生活水平,以促进农村经济稳定快速发展。

二、地方政府

对地方政府的定义,学术界还没有达成共识。《国际社会科学百科全书》对地方政府的解释为,地方政府一般可以认为是公众的政府,它有权决定和管理一个较小地区内的公众政治,它是地区政府或中央政府的一个分支机构。《美国百科全书》认为,地方政府,在单一制国家,是中央政府的分支机构；在联邦国家，是成员政府的分支机构。本书中的"地方政府"是指中央政府以下的各级政府。在我国行政管理体制中，政府包括中央政府、省级政府、县（市）级政府和乡镇政府，在本书的研究中，将中央政府以外的其他各级政府都归为"地方政府"，"地方政府"是相对于"中央政府"而言的。中国的地方政府除特别行政区以外分为省级、县级和乡级三级。现代社会，地方政府和中央政府相比，具有有限的权力，如制定地方税收政策、实行有限的立法等。省级政府拟定有关法律法规，发布规章，研究拟定各种政策；制定技术标准、规程、规范和办法，为本区域的发展创造宏观政策环境。县（市）级政府是中国最基本的行政单元。它处于城市与乡村的接部，介于宏观和微观之间。乡镇政府在我国是最基层的国家权力机构。

在计划经济体制下，地方政府是中央计划的执行单位，只能被动地接收和执行中央政府的指令性计划。执行中央计划的完美程度是衡量地方政府政绩的主要标准。中央政府拨款是改革开放以前地方政府的主要收入来源。然而，实行财政分权后，包括上缴中央政府后税收的地方留成部分、预算外收入以及地方政府的寻租收入等地方政府的收入，直接与本地区经济发展相关，使地方政府不仅成为一个拥有一定经济决策权的主体，而且逐步成为相对独立的利益主体。为了获得本区域经济的快速增长，"以地生财"成为地方政府必然的选择，地方政府的"谋利"倾向变得公开化、合理化。[①]

在"合村并居"中，地方政府[②]可获得农民宅基地整理或新增耕地置换城市建设用地指标等主要增值收益，是一个主要的行为主体，一个主要的利益相关者。地方政府还是基础设施的投资者，而基础设施也是土地增值收益的一部分，为了保障和增加其所得收益，它参与潜在收益的分配，

[①] 郎玫. 大数据视野下中央与地方政府职能演变中的匹配度研究——基于甘肃省14市（州）政策文本主题模型（LDA）[J]. 情报杂志, 2018, 37（9）: 78-85.

[②] 黄雅卓. 与市场共演：中国地方政府应对市场化改革的新策略[J]. 地方治理研究, 2022（2）: 2-10, 78.

成为利益相关者的重要一方。

三、农民集体经济组织

我国的农民集体经济组织,产生于20世纪50年代初的农业合作化运动。它是为实行社会主义公有制改造,在自然乡村范围内,由农民自愿联合,将其各自所有的生产资料(土地、较大型农具、耕畜)投入集体所有,由集体组织农业生产经营,农民进行集体劳动,各尽所能,按劳分配的农业社会主义经济组织。伴随着我国社会主义建设的深入和发展,农民集体经济的概念也在不断深化、创新。最早明确提出农村经济组织的是毛泽东。他在党的七届二中全会报告中指出,必须组织生产的、消费的和信用的合作社……这种合作社是以私有制为基础的无产阶级领导的国家正确管理之下的劳动群众的集体经济组织。社会主义改造完成之后到改革开放之前,集体经济组织指人民公社,人民公社分为公社、生产大队、生产队三级,实行的是"三级所有、队为基础"的人民公社体制的经济组织形式,并且是政社合一的体制,也可以称为农村社区合作经济组织。[①] 本文"合村并居"中关于农民集体经济组织,从广义上讲,农民集体经济组织就是建立在包括种植业、渔业、林业、畜牧业等农业生产基础上的集体所有制性质的经济实体。从狭义上讲,"农民集体经济组织是指与农村土地和农业基本生产资料直接结合的经济形式社、农业生产合作社"。[②] 农民集体经济组织既不同于企业法人,又不同于社会团体,也不同于行政机关,有其独特的法律性质。它依法律和政策规定而建立,有自己的名称、组织机构和场所,拥有独立的财产和自主进行生产经营的能力,并能在一定的财产范围内(土地所有权除外)独立承担民事责任,符合民事主体的资格条件,因此具有民事权利能力和民事行为能力。它与法人相似,但在设立程序和条件,终止条件,生产经营方式和目的,财产(主要是土地)处

[①] 毛泽东.毛泽东选集:第四卷[M].北京:人民出版社,1991:1432-1433.
[②] 中共中央文献研究室.关于建国以来党的若干历史问题的决议注释本(修订)[M].北京:人民出版社,1990:334.

分，管理职能等方面又不同于法人。故其作为民事主体，有别于自然人和法人，只能把它作为其他组织对待。另外，按照《村民委员会组织法》规定，农村基层社会的自治组织虽然是村民委员会和其下设的村民小组，但在当前的农村基层组织中，大多数农民集体经济组织（经济合作社）与村民小组或村民委员会是同一机构，二者决策机制相似，实践中职能相互重叠，特别是对农村基层社会的管理与服务，二者无法截然分开，具有"政社合一性"。

我国现行土地制度实行全面的公有制，包括国家所有和集体所有两种所有制形式。《土地管理法》第十一条规定："农民集体所有的土地依法属于村农民集体所有的，由村集体经济组织或者村民委员会经营、管理；已经分别属于村内两个以上农村集体经济组织的农民集体所有的，由村内各集体经济组织或者村民小组经营、管理；已经属于乡（镇）农民集体所有的，由乡（镇）农村集体经济组织经营、管理。"村民小组、村、乡镇这三级农民集体的组织是从属关系，但其土地所有权是平等的，不存在任何隶属关系，其土地边界不交叉也不重合。但乡镇政府、村委会是集体的管理机构，它只有管理、经营集体土地的权力，而不是土地所有者，真正的土地所有者是"农民集体"，因此，在"合村并居"中，农民集体作为集体建设用地的所有权人，是一个单独的利益相关者，其参与宅基地置换和征地流转所带来的潜在收益的分配，基于土地产权而产生的收益分配，是合乎逻辑的。

四、农民

经济的快速发展和社会的不断进步，使我国农民处于急剧的分化之中，农民群体的分化越来越明显，"农民"不再是一个同质的群体。社会学家、"三农"问题评论家艾君在分析了我国现代社会上所认识的农民现象后认为，农民在我国现代社会里已经由传统意义上的"从事农业生产的劳动者"演变为简单明了的"一切农业户口者"。"农业户口者"已经成为农民的代名词，已经失去了词典里所解释的"长时间参加农业劳动的劳动者",这一作为一种职业的内在的简单的含义。艾君指出,从现在人们的认识程度看,现阶段在我国如果给"农民"一词下个定义,就是"户口登记在农村并为农业户口的农村人"。所以在本书的讨论中,应该明确,"农民"是指那些拥有宅基地和农用地或集体非农建设用地的户口登记在农村,而且其农业收入占家庭可支配收入10%及以上的农业户口的农村人。①

土地实际使用权决定了农民个人的流转主体地位。集体土地是农民生活收入的主要来源,农民个人对集体土地虽然没有直接的所有权,但他们掌握着土地的使用权。2012年中央一号文件,强调稳定农村土地政策和保护农民土地权益,并提出由国务院有关部门共同研究,对《土地管理法》中涉及征收农民土地的条款进行修改。②有人把集体土地所有权比作货币,而把农民手中的土地使用权比作商品,在"合村并居"推进中,如果不用货币来买商品,不把所有者的权利下放到农民手中,不赋予农民的所有权主体地位,土地流转问题就解决不了,不在流转中保护农民的利益,农民"合村并居"是很难推进的。因此,在农民"合村并居"推进过程中,农民是一个理所当然的独立的利益相关者。

第二节 各利益相关者的行为目标及方式

一、中央政府的行为目标及方式

一般来说,追求公共利益的最大化,即中央利益的最大化是中央政府的行为目标。中央利益与公共利益具有一致性,这是我国的宪政体制明确

---

① 韩佳丽,王汉杰."真实农民"的定义提出与政策含义[J].江南大学学报(人文社会科学版),2020,19(4):77-84.
② 张启江.集体土地征收程序违法行为法律后果之审视[J].时代法学,2020,18(5):53-64.

规定的，我国的国家利益就是人民整体的根本利益，由中央政府统一代表。在农民"合村并居"中，中央政府作为一个单独的利益相关者，它的利益取向具有综合性和宏观性，它以实现全国土地资源的均衡有序利用以及农村居民建立宜居环境为追求目标，以实现社会总福利最大化。

在行为方式上，中央政府拥有国家权力的保障，并且受到组织结构、意识形态等多方面的有力支持。为了实现目标，中央政府既可以采取强制性行政手段，也可以采用经济手段或法律手段。行政手段，是指国家通过行政机构，采取带强制性的行政命令、指示、规定等措施，来调节和管理经济的手段。经济手段指政府在自觉依据和运用价值规律的基础上借助于经济杠杆的调节作用，对国民经济进行宏观调控。经济杠杆是对社会经济活动进行宏观调控的价值形式和价值工具，主要包括价格、税收、信贷、工资等。法律手段是依法治国、行政法治的武器和工具。具体贯彻行政执行，是指行政机关以法律为武器，根据法律活动的规律、程序和特点实施行政管理。即国家行政机关在行政管理领域内，依照法定职权和程序，把国家法律、法规实施到具体的行政活动中，以达到有效而合理的管理目的。通过法律手段可以有效地保护公有财产、个人财产，维护各种所有制经济，各个经济组织和社会成员个人的合法权益；调整各种经济组织之间横向和纵向的关系，保证经济运行的正常秩序。

在我国农民"合村并居"行动中，中央政府的行为方式正处在"尝试""试验"阶段。2004年国务院28号文件中开始提出，"合村并居"的目的主要是指导县以下乡村的土地利用和建设规划。2006年4月，山东、天津、江苏、湖北、四川五省市被国土资源局列为"城乡建设用地增减挂钩"第一批试点。2008年6月国土资源局颁布了《城乡建设用地增减挂钩试点管理办法》，2008年、2009年又分别批准了19个省加入增减挂钩试点。于是作为"城乡建设用地增减挂钩政策"的产物——"合村并居"开展得如火如荼。就运行的情况来看，这项工作目前是试点性的工作，在有些地方认识上出了偏差，把它看作一种增加城镇建设用地的途径，而且擅自超越了试点这个范围，将新增土地变成了地方政府以地生财的新途径。[①]针对出现的这种偏差和问题，国务院发出了2010年国务院第47号文件，一方面要积极稳妥地推进土地整治，另一方面严格规范城乡建设用地增减挂钩的试点工作。这个文件的主要精神有四方面：一是强调开展城乡建设用地增减挂钩必须获得试点批准，否则不能擅自进行。二是增减挂钩的建设用地置换只能在县域之内进行。三是县域内的城镇如果要利用农村集约建设用地，必须纳入国家当年批准的建设用地指标范围之内，不能超越。四是农村建设用地被批准置换到城市使用之后，它的价值增值部分必须全部返还给农民。同年，中央农村工作领导小组副组长陈锡文在两会上疾呼要"急刹车"。

2020年，"合村并居"在争议中暂停，特别是在推进比较快、意见比较大的山东省。相关部门要求决不能因为搞美丽宜居乡村建设增加农民负担，损害农民利益。"合村并居"要充分听取农民意见，要真正把群众说了算落到实处，决不能逼迫农民同意，并且对正在实施"合村并居"但群众意见较大的地区的行动一律暂停。

2021年1月，自然资源部办公厅发布了《关于进一步做好村庄规划工作的意见》，再提"合村并居"的问题，明确提出，拟搬迁撤并的村庄，要合理把握规划实施节奏，充分尊重农民的意愿，不得强迫农民"上楼"。这表明，"合村并居"或将继续推进。

2022年中央一号文件指出：坚持自上而下、村民自治、农民参与；不盲目拆旧村，建新村；严格规范村庄撤并。这几个词语主要凸显的意思是，接下来"合村并居"要以农民参与为主，更加强调尊重村民的意愿，不再"一刀切"式强迫村民撤并。而且文件中还显示出，接下来为了促进农村振兴，对村民关注的教育、医疗、养老等问题进行改善和加强，甚至是支持村民开展各项文体活动，从精神、文化、基础建设等多方面改善农村居民的生活，促进乡村振兴的发展，也解决村民"上楼"的忧虑。

---

① 叶继红，孙崇明.农民上楼：风险与治理——基于"结构-过程"的分析框架[J].浙江社会科学，2020（3）：62-72，158.

2023年中央一号文件中也提到了"合村并居"，文件规定：规范优化乡村地区行政区划设置，严禁违背农民意愿撤并村庄、搞大社区。也就是说，今年的中央一号文件要求，严禁强制农民"合村并居"，村庄撤并，必须尊重农民的意愿。实行"三不准，两不搬"。三不准，一是村庄撤并要尊重农民意愿，不准以村里意见代表全体村民意见；二是村庄撤并不是强制性的，不准强行让农民撤出宅基地；三是没有准备好后续的安置和补偿，或者强行让村民搬迁。两不搬指的是有文化底蕴和有传承价值的村庄不能搬；人口密度高且基础设施比较完善的村庄不能搬。

二、地方政府的行为目标及方式

改革开放使得地方政府的行为目标变得较为复杂，它由原来主要作为中央政府下属行政代理的身份，变成了具有明显的双重利益代表身份，它既代表中央政府的整体利益对本地区的经济和经济发展进行调控，是国家宏观调控的一个层次，同时，它又肩负着公平分配资源，提高人民生活水平，促进社会全面进步，实现本地利益最大化的责任。此外，地方政府还具有作为政府集团成员的个人目标和整个地方政府的目标。地方政府的双重特性决定了它有不同的利益取向，一方面它是中央政府的代理人，有义务维护中央政府的利益，落实中央政府制定的各项政策；另一方面作为相对独立的利益主体，地方政府又有着不同于中央政府的自主利益。由于地方政府偏好于谋求区域经济的快速发展，以及由此带来的地方财政收入快速增长，作为地方政府的代理人，地方官员还有追求以经济发展作为个人政绩，谋求职位快速升迁的动力。因此，中央政府与地方政府的政策存在目标差异，地方政府可能利用信息优势弄虚作假，追求自身利益最大化。为了获取足够的财政收入生产本地的公共物品，并且满足上级政府的政绩考核要求，因此，发展地方经济，提高财政收入，成为我国地方政府的首要目标。具体到"合村并居"，笔者认为，地方政府的利益取向是希望通过宅基地整理或新增耕地置换城市建设用地指标等方式作为主要经济收入，以促进当地经济社会的发展。

对潜在收益的渴求以及手中拥有的权力资源，地方政府在行为方式上往往从有利于自己的动机出发，对下层或上层的管理产生影响。目前，各地乡镇普遍遭遇财政困难，同时面临发展地方经济的巨大压力，地方政府为了谋求本地区的发展，获得更多的财政收入，虽然他们知道"合村并居"尚处在试点阶段，国家也禁止他们大拆大建，但对他们来说最为简便、高效的方法是通过宅基地整理置换或新增耕地置换新增建设用地，获取土地资本增值收益。因此，地方政府热衷于"合村并居"和"以地生财"，将其作为完成地方工业化的资本原始积累的救命稻草。[1]还有，地方政府之间的相互博弈，可能导致"搭便车"行为，即希望自己通过过度非农化获得经济增长利益，而由其他地区承担耕地保护和生态保护的责任。为此，地方政府在编制地方性的土地利用规划、城市规划方案时相互博弈，往往突破了国家规划的限制，导致规划目标失控。

三、农村集体经济的行为目标及方式

《村委会组织法》规定，农村集体经济组织是农村基层社区群众的自治性组织，作为全体村民的代表，其目标是追求全体村民利益的最大化和有效保护村民财产权利的完整性，从根本上维护本集体农民合法的财产权益。从理论上讲，有效的农村集体经济组织能够为村民提供受中央法律和政策保护的机制，它是保护农民利益的最后防线。农村集体经济组织公平地分配其应得的利益，不仅能提高农村资源配置的效率，更有益于形成合理的利益机制，提高农民积极性。农村集体经济组织也有自己的运行成本，要使其正常运行，必须要获得一定的收入。农村集体经济组织为获得更多的收入，以实现其经济利益最大化为行为目标。

在行为方式上，农村集体经济组织利益上的"矛盾性"导致了行为上的"矛盾性"。因受制度因素和传统习惯的影响，农村集体经济组织成了

---

[1] 黄海. 国土资源管理与农村建设用地合理流转探析[J]. 中国集体经济，2018（10）：13-14.

代表地方政府管理农民、实现经济利益的代理机构，它处在"代理型"与"谋利型"角色冲突的阴影下。作为代理型角色，它夹在上级政府与村民之间，具有了政府代表和农民代表的双重身份，具有双重代理的性质；作为谋利角色，在市场经济的大潮中，村集体组织干部无法满足于仅有的微薄补贴（工资），或是忙于村级经济的发展，或是谋划个人事业的发展，无暇顾及村中事务。集体经济组织利益上的"矛盾性"导致了行为上的"矛盾性"。要么受到自身利益的限制，要么接受自己的代理角色，以村民的经济利益为其谋求政治和经济利益；要么借用其权力攫取农民个体模糊产权界定下的财产权利，直接截留宅基地置换房和征用地的补偿款，[1]侵害农民的利益。此外，我国现行法律对农民集体所有权主体的设定概念也模糊不清，"农民集体"没有明确的法人代表，在行使具体权力时，作为所有权主体的农民集体的真实意愿难以得到真正体现，作为村级管理组织的村委会往往乘虚而入，致使一些村、组干部利用其地位充当所有权代言人，在农民"合村并居"中暗箱操作，使自己的经济利益最大化。当农村集体经济组织的利益与农民利益相矛盾时，农民的利益很有可能受到损害。

由于农村集体经济组织无法在"合村并居"中获得潜在收益，为了实现自己的利益目标，农村集体经济组织主观上希望在更大范围内盘活存量资产，确保集体土地资产利益实现的最大化，客观上要求集体非农建设用地同其他资产一样进入市场流转。

四、农民的行为目标及方式

"农民也是经济人"是诺贝尔经济学奖获得者舒尔茨（Theodore W. Schultz），通过对发展中国家的农民进行考察后得出的结论。亚当·斯密（Adam Smith）在《国民财富的性质及来源》一书中指出：理性人是完全

---

[1] 江维国，刘文浩. 社会主要矛盾转变下被征地农民社会保障供给主体优化研究[J]. 石河子大学学报（哲学社会科学版），2021，35（4）：47-53.

自私自利的经济人,他所考虑的是他自身的利益,不是社会利益。经济利益最大化是其行为的基本动力,其行为准则不但追求一般的自身利益,而且追求最大限度的自身利益。因此,在"合村并居"中,农民作为理性经济人,他的目标也是为了获得更多的潜在收益,使自己的生活有一定的保障。而农民作为弱势群体,其权益往往被忽视。在宅基地置换和征用地征用过程中,他们既没有决策权,也没有谈判权。在当前社会经济环境中,我国宅基地置换制度不完善,征地补偿的标准比较低、补偿方式单一等问题,使得农民群体的利益诉求不能够得到充分的体现。农村居民在行动中所付出的成本要大于他们所获得的收益。成本分为经济成本和心理成本,经济成本是指由于空间的转移而失去和花费实物以及货币的数量。如农业纯收入的丧失、农村房屋的丧失、农业土地的丧失、寻求新工作的成本、居住成本和生活成本等。心理成本则主要指农民集中居住者对其生活的乡村和亲友的眷恋心理,对农村生活习惯的眷恋心理,对新工作和新生活环境的不适应心理,对失去土地的恐惧心理和对小区公共服务不到位的不满心理。农民所得的收益只是居住环境的表面改善和变化,他们对"合村并居"后家庭的前途、命运产生一种茫然失落感。他们对地方政府主导的"合村并居"的行动缺乏认同感以及主观能动性不强,参与力明显不足,表现为对该行动或是漠不关心,或是抱怨,甚至集体村民全部上访。为了实现其利益最大化,客观上也要求宅基地等同其他资产一样进入市场流转。

由于集体建设用地流转所获得的收益远大于农用地的收益,一般来讲,工业用地的收益一般为农业用地收益的10倍以上,商业用地则更高达20倍之多。但现行法律对流转的集体土地有范围的限定,不能随便流转。在强大的经济诱惑下,农民尝试突破法律、政策的规定,以低廉的价格将他的土地提供给这些用地需求者,以至于出现了一些非法流转,这种情况使目前农村土地使用权流转混乱不堪,扰乱了农村经济社会生活的正常秩序。

第三节 政府推行"合村并居"模式的博弈分析

就"合村并居"推进模式而言,政府主导是当前的主要模式。政府主导模式,是指由政府相关行政主管部门负责"合村并居"项目的选址立项乃至规划设计,管理监督项目的实施过程。在这一模式中,政府组建的建设投资公司进行项目的具体实施;项目的资金供给靠政府投入为主,辅以其他投资方式,使用项目资金由政府相关部门统一管理和监督;政府的主要收益是宅基地整理变成新增建设用地或新增耕地置换城市建设用地指标所获得的价值。

"合村并居"是一项复杂的系统工程,包括中央政府、地方政府、农村集体经济组织、农民以及用地单位等多个利益相关者,由于这些利益相关者具有不同的利益取向,并且都追求自身利益最大化,这决定了各利益相关者行为的不一致甚至冲突。其中地方政府、农民是政府主导模式的主要利益相关者,双方博弈的结果会对推进模式的成败产生直接影响。然而在市场主导模式中,地方政府和"合村并居"农村居民、建筑公司之间不存在博弈关系,所以不能进行博弈分析。因此,推进模式的选择对主要利益相关者的博弈关系分析十分重要,因为推进模式的成功往往是各利益相关者互相妥协而达成均衡的结果。博弈论主要研究决策主体的行为发生直接相互作用时候的决策以及这种决策的均衡问题。[①] 鉴于此,本书将运用博弈理论论证政府按照政府主导模式推行"合村并居"是不能够取得成功的,以期望对目前正在进行的"合村并居"工程提供一种理论上的指导和借鉴。

---

① 李帮义,王玉燕. 博弈论与信息经济学 [M]. 北京:科学出版社,2016:3.

一、利益相关者博弈的基本要素

本项研究假定博弈参与人是理性的,各自都具有追求自身利益最大化、需求偏好多样化、有限理性选择及机会主义倾向等经济行为,这是进行利益相关者行为分析的基本前提,即各相关利益者在既定约束条件下能最大化实现自身效用的"理性经济人"假设存在。

假设政府和合村农民之间彼此都了解对方的战略空间和收益函数,对对方都具有完全信息,而且在下一步行动之前,所有以前的行动都可以被观察到,即本模型为完全且完美信息动态博弈,如图4-1所示:

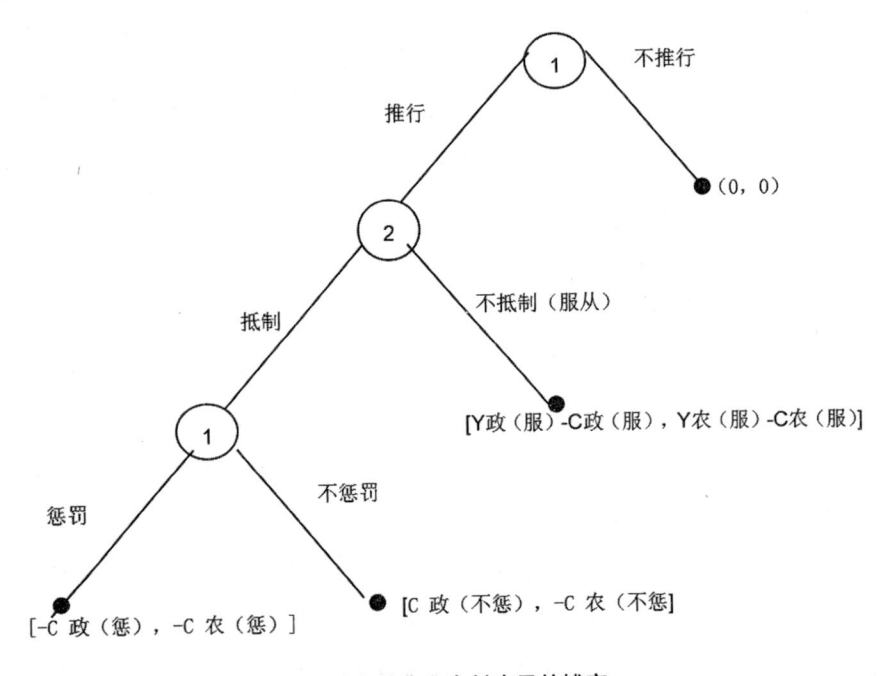

图4-1 地方政府和合村农民的博弈

图4-1是政府同农民在政府主导模式下双方博弈的扩展形,博弈的基本要素有:(1)参与人。参与人是政府(用1表示)和农民(用2表示)。(2)策略集合。策略集合因主导方式的不同而有所差异。政府主导模式下,政府的策略集合在博弈的第一阶段为推行和不推行"合村并居",

即"推行"和"不推行"。在第三阶段，当农民抵制"合村并居"的推行时，政府的策略集合是对农民实施惩罚和不实施惩罚，即"惩罚"和"不惩罚"。(3) 收益。收益是指参与人得到的效用水平，它等于收入减去成本。收益可表示为：Y-C，其中收入用 Y 表示，成本用 C 表示。收益有正数和负数之分，有经济收益和精神收益之别，由于精神收益很难给出具体的函数解析式，不像经济收益能够度量，只能利用逻辑分析假设数据。图 4-1 括号中的字母和数字代表了双方在不同阶段的收益，其中第一个数字或字母代表政府的收益，第二个数字或字母代表农民的收益。例如，Y 政（服）-C 政（服），Y 农（服）-C 农（服）表示为当地方政府推行"合村并居"策略，地方政府和农民在农民不抵制，即服从的策略下所获得的收益。Y 政（服）-C 政（服）表示地方政府所获得的收益，其中 Y 政（服）表示地方政府收入，C 政（服）表示地方政府付出的成本。同理，Y 农（服）、C 农（服）表示农民在服从的策略下所获得的收入以及所付出的成本。农民在该阶段的收益为 Y 农（服）-C 农（服）。

二、博弈过程分析

如果在一个完美信息的动态博弈中，各博弈方的策略构成的一个策略组合在整个动态博弈及它的所有子博弈中都构成纳什均衡，那么这个策略组合成为该动态博弈的"子博弈完美纳什均衡"。本书用逆推归纳法求证政府用政府主导这一模式推行"合村并居"时，政府和农民博弈的子博弈完美纳什均衡。

本文对于政府和农民在如图 4-1 所示的三阶段动态博弈中的收益作如下假定：图 4-1 中最上方的圆圈表示 1 即政府的选择信息集或称选择节点，1 在此处有"推行"和"不推行"两种可能的选择。如果 1 选择"不推行"则博弈结束，1 和 2 的收益均为零。如果 1 选择"推行"则到达 2 的选择信息集，轮到 2 进行选择。在 2 的选择节点，2 的两种可选择行为是"抵制"和"不抵制"。如果 2 选择"不抵制"则政府推行"合村并居"成功。政府和农民的收益分别为：Y 政（服）-C 政（服）和 Y 农

(服) -C农（服）。如果2选择抵制，则到达第三阶段1的选择节点，1在这一选择节点也有两种可能的选择，即"惩罚"和"不惩罚"且不论1如何选择，博弈均告结束。如果1选择"惩罚"，则当农民抵制"农民集中居住"，农民和地方政府都不会获得合村收入，此时，双方收入都为零；当地方政府采取"惩罚"策略时，地方政府需要付出成本C政（惩），其收益为-C政（惩）。农民抵制地方政府的"惩罚"也需要花费成本C农（惩），其收益为-C农（惩）。因此，当政府选择"惩罚"策略时，政府和农民的收益表示如下：-C政（惩）和-C农（惩）。同理，如果政府选择"不惩罚"策略，由于农民的抵制，所以政府和农民双方均不能获得农民集中居住收入，所以其收入均为零；地方政府由于"不惩罚"策略会造成公信力缺失因而付出成本C政（不惩），其收益-C政（不惩）表示；农民因进行抵制而付出的成本为C农（不惩），其收益用-C农（不惩）表示。于是，当地方政府选择"不惩罚"策略，地方政府和农民的收益为：-C政（不惩），-C农（不惩）。

从图4-1看到，在博弈的最后一个阶段，当合村居民抵制"合村并居"时，地方政府采取"惩罚"还是"不惩罚"的策略，取决于地方政府在这两个策略下所得收益的比较。假如地方政府采取"惩罚"的策略，即强制推行，那么，它有可能获得农民宅基地整理或新增耕地置换城市建设用地指标等主要经济收入Y政（惩），但需付出一系列成本，包括强制执行所花费的诸如动用警力、铲除合村居民宅基地所付的人工费以及拦截农民上访等成本，用C政（反农）表示；更为重要的是，目前在我国"合村并居"推行只是试行阶段，而且国发〔2010〕47号国务院关于严格规范城乡建设用地增减挂钩试点切实做好农村土地整治工作的通知，第七条是严禁盲目大拆大建和强迫农民住高楼。① 如果地方政府强行推行，一旦上级有关部门追查下来，地方政府某些官员可能会失去职位，对于地方政府官员来说，这个风险和成本很大，他们决不会铤而走险，拿自己的前途

---

① 国务院. 国务院关于严格规范城乡建设用地增减挂钩试点切实做好农村土地整治工作的通知：国发〔2010〕47号 [A/OL]. 中国政府网，2011-04-02.

开玩笑。这个成本用 C 丢官表示。地方政府的收益为：Y 政（惩）-C 政（反农）-C 丢官。此时地方政府的收入与其成本相比，显得微不足道，收益为负值，可简化为-C 政（反农），-C 丢官。

当地方政府采取"不惩罚"的策略，地方政府的收入会因合村农民的抵制而不能得到农民宅基地整理或新增耕地置换城市建设用地指标的收入，所以为零。但会因政府不惩罚农民，而失去公信力并造成一定的损失，用 C 失公表示，因此，地方政府的收益为-C 失公。

我们从政府采取"惩罚"和"不惩罚"策略给地方政府带来的收益看，地方政府因失去公信力而造成以后工作不顺带来的损失要远远小于因强力推行违反国家政策受到处罚而职位丢失的损失，公信力失去了可以再找机会弥补挽回，但职位关乎地方政府官员一生的荣辱，一旦被开除，且不说脸面被丢失殆尽，更重要的是，其一生的政治生涯将宣告结束，对他们来说，成本巨大，难以接受。据媒体报道，2022 年 9 月 25 日我国监察局、国土资源局、住房城乡建设部、国务院纠风办等四部门，同有关省、区纪检监察机关和纠风部门对 2021 年上半年发生的 11 起强制拆迁致人伤亡案件进行了调查处理，其中 57 人给予党纪、政纪处分和行政问责，31 人涉嫌犯罪移送司法机关处理。其实，这仅是九牛一毛。① 通过分析得出：地方政府采取"不惩罚"策略，其收益要大于采取"惩罚"策略所获得的收益。因此，地方政府会采取"不惩罚"的策略。而且这种策略和现实中的情况是相一致的，当合村地区的大拆大建遭到当地农民的强烈反对，且有村民上访时，该地的建设就会停下来，真正顶风而上，不怕上级政府惩罚而丢官的地方政府几乎没有。所以，在第三阶段，政府的最终策略在现实中只能是"不惩罚"。政府采取"不惩罚"的策略，双方的收益值分别为-C 失公，-C 农（不惩），也就相当于在博弈的第二阶段农民采用"抵制"策略，双方的收益值为-C 失公，-C 农（不惩）。图 4-1 所示的三阶段博弈可以简化为图 4-2 所示的两阶段博弈。

---

① 中国政府网.四部门调查处理长春盘锦等强制拆迁致人伤亡案件.[EB/OL].中国政府网，2011-09-25.

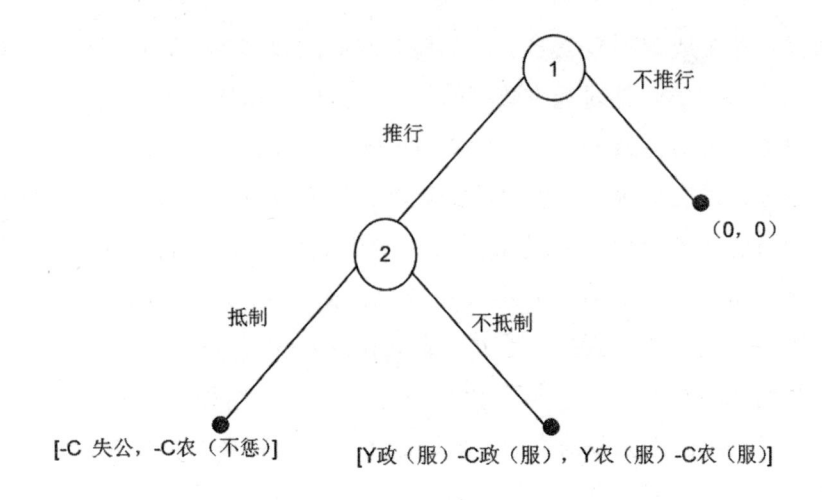

```
                    ①  不推行
                推行      ●(0,0)
              ②
          抵制    不抵制
    ●              ●
[-C失公,-C农(不惩)]  [Y政(服)-C政(服), Y农(服)-C农(服)]
```

图4-2 地方政府和合村农民的两阶段博弈

在博弈的第二阶段，农民采取"抵制"策略还是"不抵制"策略，关键取决于这两种策略下其所获得的收益值Y农（服）-C农（服）的比较。农民的收益=收入Y农（服）包括宅基地置换补贴（或征用地补贴）+生活补贴+其他保障收入（诸如宅基地置换楼房后，一段时间内对水费、电费以及暖气费补助等）-成本C农（服）包括购买新房的投入、生活成本的提高（诸如水费、暖气费、物业费等开支）以及其他成本（诸如年龄大的农民不愿合移造成的心理障碍，为消除障碍进行治疗所花的费用等），只有当Y农（服）>C农（服），农民才会积极参与"合村并居"。

假如农民采取"抵制"策略，在地方政府主导模式的推进下，由于是政府主导，宅基地和征用地补偿多与少，生活补贴和其他保障收入多少，主要是当地政府说了算，不公开的人为因素占主导。地方政府为了追求收益最大化，他们将合村农民的以上各种补贴尽力压低，而农民所承担的各种成本却依然不变。在我国中西部广大的农村地区和我国东部以农业为主导产业的黄淮平原，农民集中居住后，产业面临困境，工业基础比较薄弱，第三产业也无法提供较多的就业机会，合村农民仍旧依靠农业为生，其承担的各种费用往往大于其所得的收入，收益为负数，即Y农（服）-C农（服）<0。与"合村并居"前相比，合村农民失去了宅基地的一些

相关权利，包括宅基地的使用权、宅基地价值增值的使用权以及宅基地的无形利益和预期收益，而农民宅基地的使用权及其他相关权益是农民最重要的权利。有人将合村农民的收益形象地描述为"只剩下一块楼板"。

假如农民采取"抵制"策略，其收入为零，成本是为抵制政府所花费的成本 C 农（惩），其收益为-C 农（惩）。但是，他们却依然拥有宅基地使用权以及相关权利和相关利益。于是，在政府主导模式推进下，我们得出，农民采取"抵制"策略所获得的收益要大于采取"不抵制"策略即"服从"策略所获得的收益。合村居民在与地方政府的博弈中，尽管是弱势一方，但他们是理性的，也是追求收益最大化的。正如诺贝尔经济学奖获得者舒尔茨所认为的那样，"农民作为'经济人'，毫不逊色于资本主义企业家"。因此，在博弈的第二阶段，合村农民所采取的策略必然是"抵制"，双方的损益值分别为-C 失公，-C 农（不惩）。也就是说，图4-1的博弈可以简化为图4-3的单人博弈的形式。

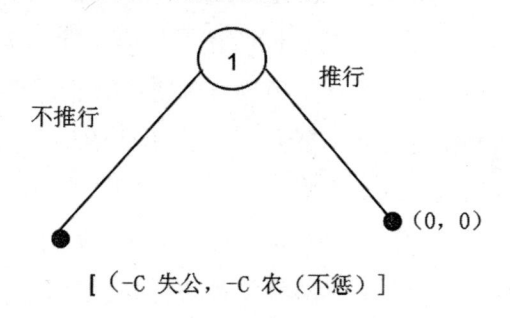

图4-3 单人博弈

在博弈的第一阶段，政府采取"推行"策略还是"不推行"策略，仍旧取决它在该阶段所获得的收益的比较。显然，由于 0 > -C（"失公"），所以政府所选择的策略必然是"不推行"。地方政府担当着两种角色，他既是中央政府执行政策的代理，也是地方企业、个人的利益代表，这种双向代理角色使得地方和中央政府的目标既存在一致性，又有差异性。而实际中，地方政府更注重的是所辖区域利益的最大化，为了追求经济利益，可以执行与中央相违背的政策。况且，"合村并居"是我国"城乡建设用地增减挂钩"政策实验的产物。地方政府完全可以不执行该政策。因此，政府在第一阶段选择"不推行"，若有第三阶段选择则选"不惩罚"，农民如果在第二阶段选择"抵制"那么政府在农民集中居住中推行政府主导模式的子博弈完美纳什均衡。也就是说政府按政府主导模式来推进"合村并居"是不可能取得成功的。

三、市场主导模式下各相关利益者的利益均衡

以上是按政府主导模式推进"合村并居"的博弈分析。市场主导模式下各相关利益者之间不存在博弈分析，通过市场化的交易方式获取其各自利益，具体表现如下：

首先，市场主导模式，是指在政府监督、引导、协调与服务中，通过市场机制组织农村进行农民集中居住事宜，以获得土地增值收益。在这一模式中，政府立项后通过公开招标选择具体项目实施单位，中标单位负责项目规划设计和实施，取得折抵指标后或者转让或者自用，并筹集资金和进行运作，实现项目运作企业化，同时还要依靠法律法规规范市场秩序，保证工程质量，实现资金回收，实现政府对项目的监督和验收。在市场主导模式下，政府特别是地方政府管住了"闲不住的手"，大大减少了各种寻租现象以及由此造成的社会损失。

其次，市场主导模式，是以市场经济为主导。通过市场经济进行公平交易，保护农民权益并使各方利益相关者的利益达到平衡。在农民"合村并居"的推进过程中，倘若地方政府、农村集体经济组织和农民采用市场化的交易方式，则中央政府既可以获得土地资源高效配置、农村经济发展以及国家宏观经济增长带来的的巨大社会效益，也可以获得较大的经济利益，虽然政府在国有土地一级市场中的利润降低了，但其实质上是一种财富的转移，将土地所有权收益在国家和集体之间、土地垄断利润在国家和土地使用者之间进行了重新分配，这种财富的转移对于社会整体福利的增进是极为有利的。除此之外，集体建设用地使用权入市流转将对整个农村集体经济的壮大、农民收入的增加、国家扩大内需等新经济政策的有效实施带来积极作用①，也可以使农民分享城市化、工业化带来的土地增值收益，作为提高农民收入、拉动农村消费的最有效和最直接的措施。一旦宅基地和所征收土地等集体建设用地使用权进入市场流转，则其价格由市场决定，是在公平竞争的基础上形成的，因此，不可能再出现集体与国有两个反差强烈的建设用地价格，合村农民再也不会因宅基地置换和征地补偿标准低而不满或集体上访。对地方政府来说，可以从以下两方面增加地方政府的财政收入：一是可以凭借灵活的用地方式和较低的用地价格吸引大量中小企业投资者落户，发展地方经济、扩大税源。二是可以通过加强集体土地的规范管理，维护土地市场秩序获取流转过程中的部分增值收益和服务管理收益。除此之外，入市流转可以开拓新的建设用地来源，将土地非农化的级差收益保留在集体内部，使农民利益得到保障，即社会收益。对农民和集体经济组织来说，他们是土地的供给者，在市场交易中，可以与用地需求者进行讨价还价，获得较高的收益。虽然丧失了宅基地置换补偿费，但他们所得到的直接流转的出让金收益远远大于征地中的补偿费，可以直接增加他们的收入。

第三，市场经济突出了物质生产关系在社会关系中的重要性，使社会的其他领域从属于经济领域，尤其是经济利益原则，唤起了人的个性中的新的因素，刺激了人的需求和欲望，使人从物质基础的实在性上确立了主体性观念，再加之市场经济的生产社会化特点，驱使人们确立适合新的经济关系的政治秩序和伦理观念，客观上起了摧毁社会发展惰性的作用。还有，市场经济还孕育和产生了自由、平等等精神文明。马克思曾指出，如果说经济形式，交换，确立了主体之间的全面平等，那么内容，即促使人们去进行交换的个人材料和物质资料，则确立了自由。

四、利益相关者博弈的结论及思考

尽管政府主导模式是当前推进"合村并居"的主要模式，但由于不能

---

① 马佳，王雨蓉，王丽媛，等. 盘活农村集体建设用地 助推乡村振兴［J］. 上海农村经济，2022（6）：33-36.

取得成功，所以它应让位于市场主导模式。在我国推行"合村并居"，地方政府要根据各地的发展状况适度推进，只有在市场经济较为发达的京津冀交界处、长三角、鲁中南、广东、福建沿海一带，这些经济发展水平和现代化程度相对较高的工业主导型乡村推行才有成功的可能。对于我国中西部广大的农村地区以及我国东部以农业为主导产业的黄淮平原，应当先发展当地的市场经济，等推行的条件成熟后再考虑推行，切不可违背民意，大拆大建，搞"大跃进"。同时，还要牢记，"合村并居"要有一个自然发展的过程，要顺势而为，水到渠成。

小　结

在"合村并居"中，参与主体的利益目标不尽相同，全体人民的利益最大化是中央政府的目标，获得土地增值收益是地方政府、农民、集体经济组织的目标，但中央政府并没有被完全屏蔽在土地增值收益之外。因此，"合村并居"的利益相关者可分为中央政府、地方政府、农民集体经济组织和农民等四个主体。

以上各利益相关者为了实现各自的目标采取不同的行为方式，中央政府将"合村并居"作为其推行"城乡建设用地增减挂钩"政策的产物，目前正处在试点阶段，并不断出台各种政策法规纠正在试点阶段出现的各种问题。通过宅基地整理或新增耕地置换城市建设用地指标等主要经济收入，来促进当地经济社会的发展是地方政府的主要利益取向。为了实现其目标，地方政府往往违背当地合村居民的意愿，不顾上级政府的严令禁止，大拆大建，搞"大跃进"。因受制度因素和传统习惯的影响，农村集体经济组织成了代表地方政府管理农民、实现经济利益的代理机构，它处在"代理型"与"谋利型"角色冲突的阴影下。农村集体经济组织利益上的"矛盾性"导致了行为上的"矛盾性"。在行为方式上，农村集体经济组织有时借用其权力攫取农民个体模糊产权界定下的财产权利，直接截留宅基地置换房和征用地的补偿款,侵害合村居民的利益。合村居民希望从"合村并居"中所获得的收益不只是居住环境的表面改善和变化,而是他们合村后,生活状态的改变,最重要的是能够支持家庭可持续发展的赖以依靠的产业等,否则他们会对家庭的前途和命运产生一种茫然失落感。在行为方式上,合村居民对地方政府主导的"合村并居"的行动缺乏认同感,不积极参与,甚至集体村民上访。因此为了实现其利益最大化,客观上也要求宅基地等同其他资产一样进入市场流转。

"合村并居"的推进模式决定了各相关利益者的收益,当前,地方政府主导是主导模式。其中地方政府、农民是政府主导模式的主要利益相关者,双方博弈的结果会对推进模式的成败产生直接影响。因此,考察主要利益相关者的博弈关系对推进模式的选择十分重要,因为推进模式的成功往往是各利益相关者互相妥协而达成均衡的结果。本章用逆推归纳法求证政府用政府主导模式推进时,政府和农民博弈的子博弈完美纳什均衡。结果表明:政府按照政府主导模式推行是不能够取得成功的。因此,尽管政府主导模式是当前的主要模式,但建议它让位给市场主导模式。

第五章

实证分析："合村并居"动力机制比较——以山东济宁市为例

第一节 案例情况的基本介绍

一、个案一：邵庄寺社区

邵庄寺社区是济宁市市中区最大的"合村并居"社区建设示范点，是"被上楼"的发源地，邵庄寺社区是政府主导的"合村并居"模式。自2012年10月到2023年农民上楼已有11个年头了。该社区位于喻屯镇的最南部、济鱼路两侧，2010年7月由邵庄寺村、夏王楼村2个行政村包括邵庄寺、前刘、魏集、前兴隆、后兴隆、南周、李楼、贺李、牛庄、夏庄楼和花马刘等11个自然村拆迁合并建设而成。并居后的新社区，规划占地426亩，规划建筑面积28万平方米，其中住宅面积15万平方米，生产服务用房2万平方米，商业用房3万平方米，社区服务中心、文体活动中心2400平方米，设置9班幼儿园，12班省级标准化小学。社区规划总户数2100户，规划绿地面积1.2万平方米，绿地率为70%以上，总投资近2亿元。[①] 2010年9月，邵庄寺9个自然村和相邻的夏王楼村两个行政村，

---

① 山东的大乱！新农村建设已经受到新华社关注［EB/OL］. 新浪博客，2012-10-28.

全部被拆除，一千多户、四五千人，以每人每月50元的过渡费，被遣散至周边四五十里以内的其他村庄租住。由此可见，邵庄寺社区建设并没有执行《济宁市人民政府关于加快推进农村住房建设用户危房改造的意见》所规定的"先建新房，后拆旧房"的政策。还有，依据济宁市市中区政策，拆合房补偿价格在每平方米160-550元间，邵庄寺社区的平均回迁房价是每平方米800元，放农用三轮的车库需1万元左右。总体来看，邵庄寺社区村民要想住上楼房，每家需要支付5-9万元。

二、个案二：万紫园社区

位于济宁泗水县泗张镇的万紫园社区是泗水县2010年农村社区建设的19个市级示范点之一。该社区拆旧总规模698.02亩，搬迁范围为泗张镇青界村、刘家岭村490处居民住宅及附属物。2010年3月完成调查摸底和补偿测算工作，2011年完成拆迁与社区住宅楼建设，到2023年已有12个年头了。

与邵庄寺社区建设不同的是，万紫园社区是市场主导的模式之一，该社区建设与旅游开发合一。万紫园生态养生度假区是其旅游开发项目，由山东迪尔集团有限公司独资注册，山东万紫园旅游开发有限公司负责建设运营。2007年9月，迪尔集团与泗水县人民政府正式签订了首期投资46亿元开发建设协议，2008年9月正式拉开建设序幕。自2008年下半年至2009年6月底，投资已经超过1亿元。项目地理环境四面环山，中间为青界水库，是一处北方地区少见的集山峦、缓坡、台地、浅丘、湖水、山林为一体的优质旅游资源地。项目建设区以青界水库为主体，北起龟山、刘家岭，南至青界河东，西起大青界村果园，东到财山东分水岭。区域范围约为6900亩，合4.6平方千米。该项目以"清新绿色空间，现代时尚风貌，中高端消费人群，休闲养生胜地"作为项目建设理念和发展目标。该项目规划了旅游购物及民俗体验区，在中心服务区和项目周边建设旅游购物、民俗体验、农家乐餐饮等项目，组织社区居民参与，引导鼓励社区农民生产、供应特色农副产品，发挥万紫园开发所带来的乘数效应，带动社区居民致富。生态修复及景观绿化工程包括：除水面和现有林木区域以外，高密度覆盖种植各类乔灌木；建设约400亩的生态湿地公园；开发茶园400亩、精品果园420亩、生态农业体验园约400亩。有机食品的开发主要包括：利用自然生态养殖理念生产各类水产品、畜禽类产品、中草药以及农产品等。项目首期投资46亿元，计划分三期实施，至2012年建设完成。

万紫园社区搬迁安置补偿方式实行货币补偿和房屋补偿两种方式，由被搬迁人自行选择。选择房屋补偿的青界村、刘家岭村村民统一安置在张庄村泉张公路以西，青界干渠以南的新建社区，总占地面积115亩。合法宅基地无偿补助30-50平方米的新建安置房，其地上房屋和其他建筑物及附属物以省市相关文件的补偿标准进行评估作价，实行货币补偿。新建安置房面积小于等于70平方米的成本价是每平方米980元，面积70-90平方米的成本价是每平方米1040元，面积90-120平方米的成本价是每平方米1120元。车库20平方米，每平方米800元，储存室10平方米，每平方米600元。老年人确属困难户并除被搬迁之外无第二处住所的，可入住老年房，安置房产权为村委会所有，并不再享受无偿入住新建房30平方米的待遇。总体来看，万紫园社区村民要想住上楼房，每家需要支付2-3万元。

第二节　获取潜在收益：邵庄寺社区和万紫园社区建设动因

一、山东省农村住房建设政策的变化

2009年，山东省人民政府出台了《关于推进农村住房建设与危房改造的意见》，提出农村住房建设目标、农村危房改造目标以及农村基础设施和公共服务设施建设目标。其中，农村住房建设目标为：从2009年起，用3年时间实施农村新居建设工程，每年确保新建农房75万户，力争达到

100万户。农村危房改造目标为：力争用5年时间基本完成全省80万户农村危房改造任务。

据国土资源报报道，《意见》对管理和保障农村住房建设与危房改造用地提出七条意见，其中第三条为积极争取利用好国家"城镇建设用地增加与农村建设用地减少相挂钩"的政策，逐步扩大挂钩范围和规模，最大限度地改造农村居民点。对节约的建设用地指标，除统筹安排好农村住房建设和危房改造及公益事业建设外，可置换为城镇建设用地，并通过招标、拍卖、挂牌出让方式实现土地收益最大化，获取的土地级差收益可用于农村住房建设和危房改造。第四条为村集体开展旧村改造节省出来的土地，复垦后由村集体组织管理使用。节约腾出的建设用地指标，可在本市范围内调剂使用。第五条为在城市和建制镇规划区内集中建设出售给本村村民的住宅楼，应根据当地经济发展水平、村庄地理区位、村民意愿等因素，确定建设用地供应方式。

2009年，济宁市政府下发《济宁市人民政府关于加快推进农村住房建设用户危房改造的意见》，文件明确，从2009年起，连续3年实施以"合村并居"为内容的农村新居建设工程，每年确保新建农房8万户，力争完成10万户。政府鼓励已经具备实施整村搬迁条件的村庄先行启动，建设"大村庄"和"合村并居"社区，引导经济条件好、建房需求迫切的农户搞好农村住房建设。文件还规定，对于中心村、经济强村和大企业驻地及周边村庄按照新型农村社区的标准，统一组织建设集中居住区。

2009年，济宁市共启动农房建设11.9万户，实施整村合建项目191个，共8.34万户，总投资112.7亿元，拉动GDP增长28个百分点。2010年，全市200个示范点共启动农村住房建设15万户，开工建筑面积1613.5万平方米，完成投资144.8亿元，整村合建项目232个，共12.5万户。2022年6月山东推动农村基础设施建设，目前已谋划了27项重点任务、8大类25个重点项目，总投资超过1400亿元。依据《县域村镇体系规划（2008-2030）》《农村住房建设与危房改造规划》《集中连片农房建设详细规划》《新型农村社区规划》等文件，到2030年，济宁市将全市6274个建制村除保留 702 个具有历史文化和产业特色的村庄外，其余 5572 个建制村规划为 792 个新型农村社区。

古老的"孔孟之乡"济宁市开始发生了一场深刻的变革。当地农民从来没有经历过如此浩大的场面——数以万计的农村住宅被夷为平地，50多万农民彻底失去了曾经安身立命的宅基地，他们已经迁入或者正在迁入或者等待迁入主要由当地政府主导建设的"合村并居"新型农村社区。

二、相似的潜在收益：获取土地增值收益

依据济宁市市中区政策，其辖区在"合村并居"中，每增加一亩的用地指标，将获得 20 万元的补贴和奖励。邵庄寺社区共拆除 11 个自然村，接近 1000 亩土地，这些土地退耕之后，除去新建社区规划占用的 426 亩，将直接增加 500 亩左右的用地指标，邵庄寺社区将获得 1 亿元的资金。社区规划的住宅面积 15 万平方米，按每平方米 800 元，仅售卖住宅房将得到收入超过 1.2 亿元。生产用房每平方米 550 元左右，一套 24 平方米的生产用房需要 14000 元左右；放农用三轮车的车库还需一万元左右。公开资料显示，邵庄寺社区包括楼房建设及其他社区基本公共设施，如标准化警务室、标准化卫生室、标准化服务厅等，以及供气、供热、污水及垃圾的处理、宽带网的铺设等现代化的基础设施，总投资接近 2 亿元。总的算来，邵庄寺社区将获得数千万的土地增值收益。

万紫园社区位于济宁市泗水县著名生态镇泗张镇，该社区是 2011 年 10 月份通过招标投入建设，总投资 9000 万元，涉及青界、刘家岭、大瓜沟三个行政村，639 户，2020 人，规划设计总建筑面积 78 万平方米，共建设优质住房 635 套，21 栋五层住宅楼、1 栋社区服务中心，共置换土地约 150 亩。[①]该社区位于泗张镇驻地北部，与山东省重点旅游项目——万紫千红养生旅游度假区毗邻，是泗张镇 2009 年的挂钩置换项目。如果市土地储备中心以每亩 20 万元的价格购买，泗张镇将获得 1 亿元的资金，除去建

---

① 侯东兵. 百姓安居万紫园 [EB/OL]. 泗水县人民政府，2012-09-03.

设总投资9000元,万紫园社区也将获得数千万的土地增值收益。

(一)邵庄寺社区和万紫园社区建设地方政府的成本和收益分析

1. 邵庄寺社区和万紫园社区建设地方政府的成本

"合村并居"中,政府所要承担的直接成本包括两个方面:一是合村居民点宅基地置换补偿费用;二是取得集中居住土地以及建设费用。合村居民点宅基地置换补偿费用根据对项目区的调查,项目区补偿标准要依据《关于印发(济宁市市中区征地拆合补偿安置标准)的通知》来确定。例如邵庄寺项目区总共拆迁农户2552户,拆迁补偿总费用为15 251.31万元,户均拆迁补偿费用为5.9771万元。集中居住区土地和建设费用以征用的形式取得。根据相关补偿标准,该地区征地的安置补偿费每人21万元。安置项目区2552户拆迁农户总共占用土地面积85.65公顷(1281.7亩),合计集中居住区土地取得成本为3091.11万元。集中居住区建设费用总计2 581 720万元。

2. "合村并居"中的收益分析

项目区土地流转过程中获得的收益要由四部分构成:一是所形成的留用区域23 897公顷(35 811亩)指标,要收取新增建设用地有偿使用费、农发基金、新增加地开垦费和土地占用税这四项规费;二是被拆迁安置农户的资金;三是建新留用区域土地的出让金;四是申请省以上投资土地整治项目资金。根据相关规定,新增建设用地有偿使用费、农发基金、新增土地开垦费、土地占用税等共筹集资金5293.56万元。被拆迁安置农户的资金在集中居住区建设采用政府统筹规划、统一建设的方式时,农户在购买安置房的时候除了需要拿出获得的拆迁款外,还需要自己出资一部分资金。由前面测算所知,户均拆迁补偿费用为5.9771万元,户均购买房屋成本为7.5799万元,被拆迁农户总共可以提供资金1 931 100万元。建新留用区土地出让金实施规划建新留用区面积为23 897公顷(35 811亩),其中约60%用于工业用地,30%用于经营性用地,10%用于公益基础设施建设。对于将济宁市市中区区指标用于工业用地和经营性用地的,收取指标调剂费,纳入土地出让金中。据此估算,可获得资金125812万元。

(二) 万紫园社区的合村农民成本收益分析

对于项目区内的农户来说，最直接的成本是原先农村宅基地及其房屋的失去、相应的庭院种植和养殖收益的消失以及集中居住后生活成本的增加，而相应的收益是用拆迁补偿款购置集中安置区内的社区套房，实现住宅资产价值的显化，在初始总量上基本等于镇政府的成本支出。据调查，在此项目区宅基地流转过程中，自拆自建区的农户户均获得的房屋拆迁补偿款与奖励费约5.7758万元。拆迁旧区农民的住宅建筑面积一般较大，户均房屋面积为150平方米，户均院落面积为200平方米。其中房屋按照房屋结构的不同分为二等补偿标准。楼房钢筋结构按照每平方米525元进行补偿，但该村钢筋结构的房子较少，拆迁旧房屋大部分为砖混结构，砖混结构按照每平方米300-500元不等进行补偿。简易的辅助建筑物按每平方米120元补偿。统拆统建区中农户获得的房屋拆迁补偿费、奖励费与过渡费约7万元，可以用于购买集中安置区的安置房1套。但安置房的住宅面积较自拆自建的略小，户均房屋面积为110平方米，户均院落面积为130平方米。其补偿标准与自拆自建大致相同，提前搬迁户得奖励费5000-6000元不等，过渡费为2年内按每平方米18元进行补偿，超过2年每平方米按2倍进行补偿。该村90%的村民在2年内都可以住进安置房。按照安置政策，该社区农民可以在安置区内以平均每平方米525元的优惠价购得1-2套住宅，超出部分按照成本价每平方米收取1200元。如果有村民选择不购买统建楼，则每人补助15 300元。经过实地调研计算，拆迁补偿款与购房款相抵后，户均获得约3万元收益。合村农民取得的房屋目前已经获得土地产权证和房屋产权证明。

三、"合村并居"农民权益困境分析

1. 农民意愿得不到充分尊重，农民难以行使"话语权"

通过调研得知，"合村并居"政策宣传不到位。未充分听取农民意见、尊重农民意愿是农民权益无法得到有效保障的问题所在。因对相关政策缺乏了解，农民在政策告知及需求表达阶段被阻断了知情权、参与权的行使

和表达诉求的途径，农民对新社区的建设方案、建设时间、补偿措施及标准等无法及时了解，对社区选址、建设方式等与农民切身相关的重要内容无法参与决策，再加之政府在"合村并居"过程中一贯强势的地位，农民的合理诉求表达困难。总之，现有的利益诉求表达途径难以使农民的合法权益得到有效保护。

2. 补偿标准低，拆旧建新负担重，农民积极性不高

如何对农民进行拆迁补偿与农民利益切身相关。"合村并居"补偿项目一般由相关机构评估确定，但评估标准并未公布，实践中政府往往主导补偿标准的制定，相关机构并未实际参与。同时，城乡拆迁补偿标准存在较大差距，城市房屋拆迁的补偿标准结合当地房价作为赔偿参考，农村拆迁补偿依据当地规定的补偿标准，即使房屋面积较城市房屋大，赔偿标准也低于城市。以济宁市兴隆村为例，该村拆迁补偿标准为正房每平方米500~700元，偏房每平方米为200~300元，安置房的置换价格每平方米为1100元，不足部分按每平方米为1800元的价格置换。拆旧建新后，农民旧房的拆迁补偿价格与新房差价大，农民要在拆迁补偿款的基础上负担新房的差价，这也加重了农民的负担。"合村并居"使农民生活整体上得到了改善，但也加重了部分家庭在该过程中的生活负担。根据一项调研结果显示，62.3%的家庭（182户）因拆旧建新产生民间借贷，这也削弱了其扩大再生产及应对生活风险的能力。集中居住导致农民生活成本普遍提高，其主要是因为水、电、气，物业管理费用等的增加和食品开支增加，前者占增加总额的比例为56.5%、后者占增加额的比例为36%。因"合村并居"产生的结构性的差价降低了农民主动配合"合村并居"政策的积极性，他们往往退出宅基地置换规则。

3. 社保安置体系、配套设施不健全，农民生活缺少保障

完善的社保安置体系、健全的配套设施是农民"合村并居"后生活得以保障的关键。"合村并居"后，农民进入楼房，除工作方式外，生活等方面与城镇居民无异，但养老、医疗、就业等社保政策跟进缓慢，城镇居民最低生活保障标准高于农村居民，城乡最低生活保障制度依然是双轨

制，现有社会保障制度覆盖面窄，不能有效保障农民生活。资金是支撑"合村并居"工程顺利推进的关键，关系到农民安置和社保工作的顺利进行。目前一些地区推进"合村并居"政策的原因之一是通过该工程释放集体建设用地，通过出让集体建设用地，缓解政府债务危机，这也是导致资金难以及时到位，农民的拆迁补偿不能落实，社会保障难以顺利进行的重要原因。社保安置监督机制不健全，也是农民社会保障难以落实的重要原因。"合村并居"过程中因强拆以及社会保障问题引发的冲突时有发生，农民上访事件不断，根本原因是"合村并居"过程中并未建立完善有效的监督机制来确保安置工作的顺利进行。

4. 农村生产方式单一，农民转型难度大

我国的农业产出以小麦、玉米等农作物为主，农业生产效益偏低，农作物的种植、流通、加工等各环节并未实现有效连接，农业生产经营方式分散，规模化程度有限。受生产周期长、回报率低等的影响，从事农业生产的人员数量不断减少，且人员受教育水平不高。2015年以来，从事农业生产的受教育人数开始大幅度下降。普通高中、专科、本科和研究生下降比例分别为94.27%、94.19%、94.67%、94.53%，其中下降比重最大的分别为本科和研究生，最终导致农业从业人员受教育程度普遍低，限制了农业生产方式的转变和生产结构的升级。

"合村并居"后，农民的居住环境得到了改善，但受自身教育水平等条件限制，务农、务工等生产生活方式并未改变，农民从传统农业向现代农业及其他产业过渡仍存在很大难度。

第三节 推进"合村并居"的不同条件：综合驱动力的不同层次

一、政府主导模式下的综合驱动力

笔者在第四章分析了"合村并居"综合驱动力的3种层次，即综合驱动力为正且力量较大、虽为正但力量较小、为负向的三种状态。下面以邵庄寺社区为例来分析政府主导模式的综合驱动力。

（一）邵庄寺社区农村自我发展能力较弱

内生动力系统的动力源是农村自我发展能力。内生动力系统分为经济内生动力子系统、文化内生动力子系统。从经济内生动力子系统看，邵庄寺社区并居农民的入住成本大于其收益。

首先，如果农民购买新房所付费用大大低于当地政府收回宅基地所付的费用，那么经济动力就强；相反，村民就缺乏入住楼房的经济动力。巩翠花是邵庄寺社区一户村民，她家的房子是2006年建的，独院楼房，9间共180平方米，还有148平方米院子。这次拆迁中，这套院落估价10万元。这个数字在正在建设中的邵庄寺社区只够买一套100平方米的房子加一套生产用房。邵庄寺社区的平均回迁房价是每平米800元，一套24平方米的生产用房需要14000多元，再买车库（放农用三轮等）也要支付相同价格。"我们还需再拿1万元。"巩翠花说。儿子林锋已26岁，不能不准备婚房，即便买一套最小的80平方米的房子加上杂项，他们仍需负担约8万元债务。这样的状况，在邵庄寺村是普遍现象。"以160-550元每平方米的价格拆了我们的好房子，再让我们以800-1000元的高价购买楼房，还要我们背负那么高的债务。这对我们来说是进步，还是倒退？"巩翠花说。邵庄寺村的村民大都不明白自己为什么要交那么多钱。"就那个24平方米的生产用房，我们自己建的话也就是四五千块。"村民王世贵质问，"为什么那么贵？何况地皮他们是不需要花钱的。"对于失去的院落和得到的楼房，邵庄寺社区村民觉得入住成本大于其收益，自己损失得太多。

其次，生活成本增加。农民消费能力弱直接导致当前广大农村地区农民生活消费中，自给性和半自给性消费仍占一定比重。在农民自给性消费和半自给消费中，用水、蔬菜、取暖等生活消费普遍为自给性，而这些生活消费的自给依赖于农村传统的生产生活条件及方式。在收入水平相对较低的情况下，此类生活消费的自给在一定程度上减少了消费开支，减轻了农民负担。然而，邵庄寺社区生活下的农民彻底改变了传统生活条件及方式，一是生活用水需要增加支出；二是由于农民失去家庭菜地，蔬菜消费需要完全依赖市场；此外，目前不少地区的农村还是烧柴（农作物秸秆）做饭，搬到单元楼再烧柴做饭不现实，农民取暖等开支也在不同程度上有所增加。邵庄寺社区的一位孙姓村民和两位苏姓村民表示，以前在村里就不用考虑燃气费，一把草或是几根木柴就可以煮饭，现在"一切只能是钱做主了"。依据相关优惠政策，大杨家庄子社区第一年的取暖费全免。"今年不要了，那明年呢？以后每年都少不了。"据村民们粗略估算，仅取暖费一项，80平方米的房子一年大约就要2000元。现在小区内还没有物业，居民搬进来半个月不到，院子里剩菜垃圾乱丢，今后请物业公司仍需要钱。"以前房前屋后还能种一些蔬菜，现在全要花钱买。没了牲口和家畜，做饭暖炕又不能烧柴。"村民王东京粗略估算了一下，住进楼房以后水、电、气、暖全部需要交费，开支每年至少要多花5000元。为节省开支，村民们往往不得不另辟蹊径。

第三，邵庄寺社区的产业面临困境。虽然各种设施已是城市社区配置，但年轻人仍然都出外打工，社区里常住的仍然是老人、妇女和儿童。邵庄寺社区并未在附近创建起一些产业，这意味着农民还将像以前一样，在家门口找不到工作。如果新型社区附近没有产业没有工厂，不能从根本上转变农民的生产方式，也就摆脱不了农民"被上楼"的命运。这是邵庄寺社区建设中的一个软肋。济宁市地处鲁西南，是全国和山东省的粮食主产区，但农业产业化发展仍处于起步阶段，绝大部分农户依旧是精耕细作的小农经营模式。农村青壮年普遍外出务工，从事农业生产的基本是老年人以及留守的妇女。从某种意义上看，"新型农村社区"并没能太多地改变农村。农户制下的小农经营方式以及当前农村经济社会发展水平决定了农民生活方式与中国传统农村并无本质区别。因此，农村普遍的院落式住宅及生活环境依旧是其熟悉并适应的居住方式。

第四，邵庄寺社区生活方式与生产方式脱节。邵庄寺社区建设从根本上改变了农民院落式居住环境，使其与自身当前的农业生产方式基本脱节，为新型社区生活下的农民从事农业生产带来极大不便。一方面，农民住宅与耕地距离过远。邵庄寺社区有十余村集中建成,致使很多农民从事农业生产需行驶数十千米,为其带来极大不便并增加了生产成本。"农忙的时候,租住地又那么远,有的都有五六十里路。"巩翠花说。农村的机动三轮车本来就极易出事故,农忙季节披星戴月地来回赶,出事概率无疑增加了数倍。另一方面,当前农户制下的小规模经营需要每家每户置备多种农业生产工具,这就需要家庭具备充足的放置空间。然而,邵庄寺社区中的农民住宅只能作为生活空间,无法兼备生产空间的功能。总之,农民面临普遍的难题是:农具、手扶拖拉机、粮食和牲畜都无处可放,集中居住地和承包地离得远,务农不方便。农民住进楼房,让习惯于在院子里养些牛、羊、鸡、鸭,补贴种粮收入不足的传统被扼杀,在村口大树底下乘凉的权利也消失了,而他们的锄头、铁锹和镰刀这些农具也不知道放在哪儿更合适,更别说拖拉机和播种机这样的大器件了。虽然各地将"农业的规模化经营"作为改变农民"生产方式"的重要环节提出过多次,但在济宁,这一目标目前远没有改变农民"生活方式"的"新型农村社区"来得猛烈。而"新型农村社区"已然提前改变了农民的生活方式,生产方式如果不变,前者必受后者阻碍。而这一颠倒了次序的发展过程结果如何,一切都还未知。

第五,邵庄寺社区农耕文化根深蒂固。文化动力子系统包括合居农民是否具有重视商业精神、创业意识以及领导者是否具有管理智慧等。邵庄寺社区,以农耕经济为主,农耕文化根深蒂固。在这种群体文化氛围中,守旧、守土、平均主义、惧怕风险、等靠要思想以及等级观念、官本位意识等自然经济观念交织在一起,构成一种封闭的文化意识。这种农耕文化导致当地民营经济发育迟缓;使人们长期习惯于听从上级的安排,当涉及与自身利益有关的制度安排时,人们一般采取逆来顺受的策略,少有与政府官员争个长短的居民,人们普遍存在"搭便车"行为。谈到为什么不愿合并的原因时,村民王申华无奈地说:"别人都不说话,我说了又有什么好处,好不好,随大流吧。"通过以上对邵庄寺社区内生动力系统的分析,我们得出,邵庄寺社区内生动力系统的动力源——农村自我发展能力不足。

（二）邵庄寺社区外生动力源不足

笔者在第四章分析了"合村并居"的外生动力系统。外生动力包括中央、区域以及地方政府的各种政策，经济体制、建设资金的来源以及社会力量的参与。下面根据笔者调研，分析邵庄寺社区的外生动力系统。

首先，济宁市县级政府对推进"合村并居"的态度以及考核激励政策，成为镇一级政府热衷于农民"上楼"的推动因素。2010年6月9日，泗水县县长冯冲在全县新型农村社区农村住房建设现场推进会议上的讲话中，谈到推进力度，冯冲认为，省内各市普遍高度重视，推进力度明显加大，大有后来居上之势。济宁经济水平处于全省中等，东部发达地区资金雄厚、群众思想解放，一旦强力启动，很容易超过济宁。冯冲说，济宁各县市区都在紧锣密鼓、力度空前地推进这项工作，特别是嘉祥、金乡、曲阜、邹城等四个县市推进的规模之大、速度之快、规格之高，让人震惊。冯冲引用济宁市委、市政府的原话，"我们绝不能起个大早、赶个晚集"，让我们的经验"墙内开花墙外香"。冯冲在会上郑重承诺，县委、县政府确定的腾空土地建设指标每亩12万元的补助资金政策，这项工作要积极推进，在政策范围内要向县里积极争取，县里将及时兑现政策资金。同时，还制定了相关奖惩措施，其中规定：凡进入济宁市农村住房建设提升考核前10名的镇，列入年度科学发展综合考核一等奖，给予80万元的奖励；对不能按要求完成农民居民点土地综合整治的，在年度科学发展综合考核中，实行"一票否决"，并对相关责任人及时进行调整。80万元奖励的动力和"一票否决"的压力，成为镇一级政府热衷于推动"合村并居"的动因。

其次，邵庄寺社区市场竞争力弱。济宁市地处鲁西南，农业产业化发展仍处于起步阶段，绝大部分农户依旧是精耕细作的小农经营模式。国家发展改革委印发的《2022年新型城镇化和城乡融合发展重点任务》称，2021年我国常住人口城镇化率达64.72%，而该城市城市化率低于平均水平，约为60%，工业化水平处于工业化中期的后期阶段或工业化后期的前期阶段。从产业结构来看，2020年济宁市第一产业增加值为10.7亿元，增长1.7%，占济宁市地区生产总值的比重为11.70%；第二产业增加值为248.3亿元，增长3.7%，其中工业增加值为230.01亿元，增长6.24%；第三产业增加值为196.4亿元，增长5%。但是，据统计，2020年该地区从事第一产业的人口数量占总就业人员数量的39.3%，高于全国平均水平36.1%。[①]

由于距离大中城市远，第三产业也仅停留在维持乡镇正常运转的基本服务上，无法提供较多的就业机会，所在的乡镇经济发展滞后，农业仍然是该地区的主要产业，农业在国民经济中的比重占到38%[②]。农民难以向小城镇聚集，绝大多数农户还是散居在原有的居住地上。由于交通不便，基础设施落后，没有给予配套的优惠政策和税收以及知识和技术型人才匮乏等原因，社会力量来此投资的兴趣不大。山东省社科院省情研究中心主任秦庆武介绍，一般说，应在城市化水平达到60%~70%，农村人口大量减少且农业劳动占比不大时，"村改居"时机才比较成熟。因此，秦庆武也认为，这种试验个别地方探索可以，但应谨慎推进。

通过对邵庄寺社区内生动力系统和外生动力系统的分析，我们得到邵庄寺社区综合驱动力属于综合驱动力虽为正但力量较小的中等层次。

当然，不能否认，许多地方政府在如何推进"合村并居"方面，作出了巨大的努力和积极的探索，甚至顶着各种非议持续不断地尝试和改革。但又不能不承认，目前在全国各地搞得如火如荼的行动，改革者操作稍有失误和立场摇摆，农民这个庞大的弱势群体的权利和利益就可能得不到保障。从对济宁邵庄寺社区的调研中，笔者认为，探索的该社区得失值得思考和总结。

---

① 2020年济宁市生产总值（GDP）及人口情况分析：地区生产总值4494.31亿元，常住常住人口835.79万人［EB/OL］.智研咨询，https：//www.chyxx.com/shuju/202108/967995.html
② 2020年济宁市国民经济和社会发展统计公报［EB/OL］.济宁新闻，2021-3-22. https：//baijiahao.baidu.com/s？

二、市场主导模式下的综合驱动力

(一) 万紫园社区的农村自我发展能力较强

像分析邵庄寺社区内生动力系统一样,分析万紫园社区的内生动力系统将从合村居民的入住成本和收入的比较、社区产业以及合村居民的社会保障和就业等方面进行论述。在万紫园社区调研,谈到入住新房的费用农民能否承担时,一个姓王的村民告诉笔者,房子是按户给的,每户80平方米,村民不用掏一分钱。如需要更大的面积则需要自己花钱购买,每平方米1000元。一位李姓村民指着对面的学校对笔者说:"现在的新家,感觉舒适、方便,那儿就是学校,孩子上学不用担心。"村民们普遍反映:"120平方米的房子够住了,因为搬了新家,从事农业劳动的人几乎不多了,各种农机具、种子、化肥、收货的农作物,我们都处理了。我们这儿仅有的土地都承包给少数人了,大多数村民都上班或做生意了。"谈到产业支撑点,万紫园社区依托于泗水万紫园旅游开发项目,万紫园旅游开发项目将优越的生态环境和悠久的养生文化与现代休闲度假产业相结合,以"中华养生体验旅游目的地"为总体定位,以"清新绿色空间,现代时尚风貌,中高端消费人群,休闲养生胜地"为建设理念和发展目标,主要建设游客综合服务中心、湿地汽车营地、有机农业示范体验基地、环湖休闲观光带、主题度假酒店、VIP休闲会所、矿泉SPA中心、森林水畔度假屋、户外运动中心、旅游商品集散中心等。同时拥有580亩果园、100亩茶园和20亩无公害绿色蔬菜基地,万紫园社区依托的这些支撑产业,给当地农民解决了就业问题,反过来又推动了产业发展。据笔者调研所看到的,当地农民有在万紫园旅游开发公司打工的,有开出租车的,有开家庭宾馆的,有在旅游区内做生意的,社区内的村民基本上实现了非农化。我们在乘出租车去万紫园社区的途中,跟当地司机谈到他们的社会保障以及对未来的看法时,那位司机说:"万紫园社区的村民说,只要旅游公司经营得不错,我们就能过得不错,总之,比我们以前从土里刨食的生活要好很多。"在万紫园社区调研时,我们看到了这样一幕:有个老太太去一个门面房买了点东西，边走边数钱。旁边的一个中年妇女对我们说："现在就是这个样，王大妈去买姑娘家的东西也得付钱。"可见，市场经济在万紫园社区农村居民的思想中已经根深蒂固了。

(二)万紫园社区的外生动力系统的动力源较为强劲

资金筹措形式灵活。实行"群众交一点、县乡拨一点、开发商垫一点、银行贷一点"的多元投入机制，其中2010年泗水县县里拿出6000万元设立财政预算专项资金，并确定腾空土地建设指标每亩12万元的补助资金政策。另外，县里还积极协调银行方面，用挂钩置换的土地拿到城市进行商业开发建设，将拍卖的资金支持乡镇，以保障和支撑万紫园社区建设。万紫园社区楼房建设基本上是市场化运作。具体的做法是，在符合市里总体规划的前提下，由开发商开发建设。居民安置楼由开发商与居民签订拆迁补偿协议，既有货币补偿，也有实物补偿。楼房建设的标准、规模等也由开发商与居民直接商定。开发商投资建楼后，补偿则是通过在置换出的土地上进行经营开发的房屋面向市场。这种运作方式在安置楼的建设中占了很大的比重。还有一种资金来源是镇一级政府与开发商签订协议，交由开发商运作，通过企业实现居住区的建设。在社会力量参与上，泗水县泗张镇拥有优良的水质，曾在此发现了被誉为"水中大熊猫"的原始生物桃花水母，引起了广泛的关注。泗张镇位于泗水县东南部，南靠孟子故乡邹城市，东靠平邑县，西与孔子故乡曲阜为邻。该镇交通便利，东接京沪高速公路，西邻京福高速公路，北连327国道，日菏高速公路横穿东西，S224省道南北穿越。总面积137.5平方千米，人口4.8万，林果面积达13.8万亩，林木覆盖率为61.9%。这里山清水秀，鸟语花香，林茂果丰，物产丰富，古迹众多，是著名的生态名镇，休闲度假胜地。泗张镇拥有山东并不多见的天然山间浅丘小盆地生态环境，这样集山峦、缓坡、台地、湖水、湾畔、密林为一体的特色旅游地在"合村并居"中是十分稀缺的（2009年被列为省级重点旅游项目），于是山东迪尔集团积极参与并于2008年首期投资46亿元进行开发建设，在就业带动方面，也是实现农民聚居的重要举措之一。在市场经济的体制下，依靠社区集体力量有效利用和整合农村社区内、外部资源，率先发展以乡村工业为主导的非农产业，促使大量第一产业人口从农业生产和农村生活中解放出来，向第二、三产业转移。

就思想文化而言，该社区农民重视商业活动，没有"等靠要"的依赖心理，具有第一个"吃螃蟹"的冒险精神。这些思想观念交织在一起，构成一个开放、进取的文化意识圈，形成一种群体性的思维和行为模式。上述地区进行"合村并居"，不是靠外部力量强制推行的，而主要是以当地农村居民、企业家为主体在实践中不断探索，自愿选择，然后政府加以引导和规范的结果。这种文化动力能够冲破思想禁锢和资源障碍，那些具有创新精神的民间企业家以"敢为天下先"的勇气和胆略，带领其他农村居民自下而上地推动"合村并居"实施。

综上所述，上述地区外生动力系统的动力充足，内生动力系统的动力强劲，该社区的综合驱动力处于第一个层次，有利于"合村并居"的推行，甚至可以绕过建立农村社区这个阶段而直接建立"村改居"①，直接过渡到城市社区。该政策的推进不但能够改善农民的生活质量，有利于农民向市民过渡，农村向城市追赶，而且还能实现"城乡建设土地增减挂钩"的国家战略目标。

第四节　利益相关者博弈的过程："合村并居"方式选择的机理

一、博弈的均衡

"合村并居"的路径选择除了外在收益、内生动力系统和外生动力系统的综合驱动力外，还和各利益主体的博弈相关。对政府主导模式和市场

---

① 熊吉峰.中部地区与浙江农村城镇化动力机制比较——以湖北为例［M］.北京：中国社会科学出版社，2007：136.

第五章 实证分析:"合村并居"动力机制比较——以山东济宁市为例

主导模式两种方式进行博弈分析,有助于将外部环境因素、推进条件以及动力机制的过程和结果的机理有机联系起来。依旧从第 4 章博弈模型开始,政府主导模式的过程如图 5-1 所示:

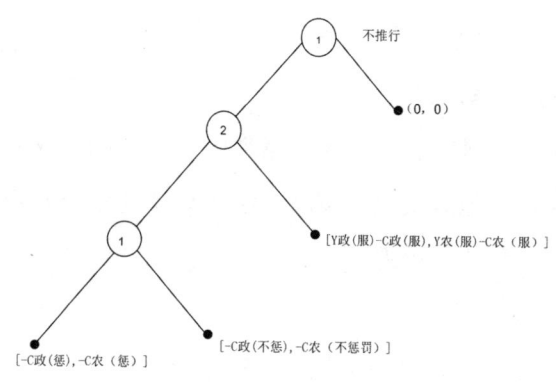

```
                    1 ———————— 不推行
                   /
                  2 ———————————— (0, 0)
                 /
                1 —————————— [Y政(服)-C政(服), Y农(服)-C农(服)]
               / \
[-C政(惩),-C农(惩)]  [-C政(不惩),-C农(不惩罚)]
```

图 5-1 政府主导模式的过程

二、推进方式的比较

首先,两个社区都是城乡建设用地增减挂钩的试点,各相关利益者都有获得土地增值收益的意愿和需求。两个地方都遇到了城市化和工业化所带来的对建设用地的大量需求。同时,因为城市地价的增长迅速,造成了土地增值收益的迅速增加。农民和农民集体在这个过程中产生了对增值收益和自身社会保障的需求。当然,另一方面,建设用地的大量增加,也对资源禀赋本身产生影响,比如环境恶化、粮食安全等。所以,在这些外部条件发生变化的情况下,中央政府将考虑自己是否制定制度。中央政府虽然看到了农民和农村集体经济组织的需求,但考虑到现阶段工业化对农业生产剩余获取的必要性和放开市场可能带来的影响,因此政府制定了"城乡建设用地增减挂钩"的政策。

其次,邵庄寺社区是以政府为主导靠行政的强制力推行的,很少顾及合村居民的意愿以及合村地区的社会经济状况,因而带来了一系列问题。而万紫园社区是以市场为主导方式进行推进的,尽管处于强势地位的用地单位在和农民的谈判过程中可以压低用地价格，但农民也是理性的，否则他们是不会将宅基地等的使用权放弃的。因此，市场主导模式相对于政府主导模式来说是有利于经济社会发展的，是有利于社会稳定和谐的。

三、推进方式的启示

采用市场主导推进方式，是受一系列因素决定的。这主要表现在合村地区经济社会条件、地方政府的策略、农民集体的策略和农民的合作程度等以下几个方面，具体表示如下：

（一）经济社会条件

经济社会条件是"合村并居"推进的重要条件，经济社会条件好的地区，工业化水平就高，市场经济发展较快。当地农民的市场意识较强，思想开放；当地政府的官僚作风较弱，民主意识较强；社会参与力量比如投资方会到此投资，获取收益。案例中的邵庄寺社区和万紫园社区建设之所以走不同的推进模式，主要原因在于万紫园位于以生态旅游为主的泗张镇，当地农民依托该镇的旅游业与外界接触，信息发达，思想开放，而且生活较为富裕。而邵庄寺社区虽然离济宁市市中区较近，但当地农民基本上还过着"日出而作，日落而息，凿井而饮，耕田而食"的生活，求稳的思想较重，所以对他们来说，还不知市场经济为何物。

（二）地方政府的策略

地方政府的策略是推进"合村并居"模式的关键。虽然不能说邵庄寺社区的地方政府没有万紫园社区的地方政府正确，因为各个地方政府面临的资源禀赋、社会条件、制度的环境不同。然而，万紫园社区所处的泗张镇地方政府在发展道路上不走"短平快"的路径，确立了以发展生态旅游观光农业，建设绿色泗张、生态泗张为主攻方向的山区开发模式，先后建起了万亩桃园、板栗园、黄金梨园，引进了优质黄姜、土豆、苹果、大樱桃、地瓜、花生等作物，开发利用了矿泉水、花岗石、石灰石等矿产资源，全镇经济繁荣、社会稳定，人民生活水平不断提高，被农业部授于

"中国优质果品之乡"。济宁市委、市政府授予泗张镇"林业四项工程建设"先进单位、"特色农业乡镇""全市十佳科普示范乡镇"等荣誉称号。而邵庄寺社区的地方政府急于解决当地的财政危机,将合村居民置换出来的土地以每亩10万元的价格,出售给了济宁市土地储备中心。由此可以看到,地方政府策略在发展当地经济中所起的作用是何等的重要。

(三)农村集体经济组织领导的策略

农村集体经济组织领导在行政体系中完全是弱势的群体。他们一般是采取服从和合作的态度来对待地方政府的行为。然而,农村集体经济组织领导的策略对合村居民权益的保障和维护很重要。如果农村集体经济组织领导体恤民情,为争取农民利益尽心尽力,那么农民的合作程度就会提高。"合村并居"中,如果村集体领导积极为农民争取宅基地置换房和土地征收的补偿,当补偿费用比较令他们满意时,合村农民则不会有异议,如果给予的补偿过低或者不平均,那么农民很可能会采取上访的方式进行抗议,"合村并居"的推进就会受阻。

(四)合村农民的合作程度

"合村并居"农民的合作程度决定了"合村并居"模式推进的稳定性。因为农民虽然位于各相关利益者的最低层,但由于农民数量庞大,这个群体的稳定对推进模式有很大影响。所以,如果合村农民拥护市场主导模式,自然能够促进"合村并居"推进的稳定,反之,"合村并居"推进就是短暂的和不稳定的。如果市场主导模式受到了合村农民的拥护,则"合村并居"工作可以顺利推进,从而进一步在适合地区成为中央政府尝试推广的模式。

(五)影响合村居民意愿的空间不适应感

通过对邵庄寺社区和万紫园社区的调查,笔者发现了一个共同的问题,即在政府介入下,村民对空间发生的巨大变化的不适应感。由于建设实施过于重视现代化的物理空间的建设,将传统的村落改造为高楼社区,这与农民的生产生活不协调,超越了乡土共同体的发展阶段,从而造成了物理空间与意义空间的不协调。物理空间的重组与意义空间的重建，瓦解了原有的社区空间，难以产生新的社会关系，从而造成物理空间、意义空间、社区空间的不协调。空间的失衡，也就造成了农村老年人的社会适应问题。物理空间层面，老年人成为居住空间的被规训者、生计空间的依附者、公共空间的游离者；意义空间方面，老年人想象的空间生产发生错位，情感的空间生产滞后，旧有的空间秩序在新的空间中失去效力，新有的秩序空间的建立依附于儿女的逆向社会化。在社区空间方面，社会距离空间的疏离化和社会角色空间的边缘化使得老年人处于弱势地位。其中最瞩目的就是物理空间的变化，物理空间的层面，因为"合村并居"政策的实行，该地的地理空间样貌发生了瞩目的变化，从农村社区变为城市社区，具有高自由度的地方性特色民居被统一规划为整齐的高楼大厦，规训了住在其中的村民，打乱了其原有的社会交往空间以及生活方式。从意义空间层面，政府的规划由社会主义新农村的发展道路转变为现代化开发区的发展思路，以居住、耕种为主要职能空间转变为以发展为职能的空间。从社区空间层面，原有的乡土社会逐步现代化和异质化。空间的重组是不平衡的，只重视了物理空间的重塑，却忽视了村民在新旧空间的意义链接和社会链接。具体表现为：

1. 物理空间的不适感

物理空间分为居住空间、生计空间、公共空间三个维度，合村居民特别是老年人成为居住空间的被规训者，他们认为目前的住宅空间自由度降低，对环境空间的满意度较低，小区的空间区位让他们产生相对剥夺感。这些老年人成为生计空间的依附者，"合村并居"致使生产空间和生活空间分离，提高了生活的成本，也使得原有的生产方式难以为继。合村老年人成为公共空间的游离者，由于公共空间的性质由内生型转为外塑型，支配逻辑由独占转为共同享有，使得老年人产生了不适应的感觉。

物理空间的变动，与意义空间的变动是分不开的，物理空间的变动会引发人的意识和情感的变动，从而影响了老年人对空间秩序、空间满意度、空间支配的态度和看法，这种态度和看法也会反作用于老年人对物理空间的适应。对"合村并居"的社区具有认同感和归属感会促进老年人积极发挥主观能动性，从而对物理空间积极适应。反之，则会对物理空间的适应起反作用。

2. 意义空间的不适感

首先，老年人在搬进社区前后，由于蓝图中的想象空间与现实中的体验空间不一致产生了心理落差。其次，在逐渐熟悉社区生活后，浓重的乡土情结让老年人在情感空间方面存在半认同的状况，"在乡思乡"。最后，在适应社区生活的中后期，老年人面临着乡土社会秩序和现代化秩序的夹击，倍感种种不适，只能在年轻人的帮助下，适应社区生活。

由此可知，社区不仅在物理空间发生了变化，其共同体的意识也从半封闭的乡土意识，变成开放的现代意识，大量的现代社会行为规范和法理秩序进驻老年人的生活，老年人的空间想象、空间认同、空间秩序都产生了巨大的变动。尤其是空间秩序的变动，它影响了老年人与其社会关系的权利和地位。

3. 社区空间的不适应

农村老年人的社会关系网络简单，社会关系较为单一，多为血缘和地缘关系。"合村并居"加剧了社区的原子化，老年人的社会关系网络更为薄弱。一方面，"合村并居"使得社会距离疏离化。原村庄中的强关系"旁支儿"逐渐衰落，社区当中的老年人与"旁支儿"的交往频度、广度减弱。邻里关系疏远，新邻居不认识，老邻居因空间距离问题交往频度减少，以上两种强关系已经减弱，但新的社会关系尚未形成。另一方面，老年人的社会角色逐渐边缘化。家庭层面，老年人原有的家庭权利大多移至孩子辈，甚至由于孝道的衰落，部分老年人的晚年生活较为悲惨。社区层面，老年人社区参与意识和社区参与程度较低，难以发挥作用。

老年人的社会关系适应问题并不是孤立的，而是与物理空间的适应、意义空间的适应相互作用和相互协调的。老年人与"旁支儿"的关系以及邻里关系的疏离，和立体式的居住格局有关，居住空间的垂直化不利于老年人的出行频度，干扰了老年人的串门等社会交往行为。而具有隔离意义的社区单元门等设计，从心理上增加了老年人社会交往的心理压力。另外，老年人在生计空间、秩序空间上的依附地位使得老年人的社会角色边缘化。

所以，合村居民特别是中老年居民入住社区后，缺乏对所居住社区的依恋和身份认同感，担心、迷惑、焦虑不安和冲突不断是他们真实生活的写照，也是缺乏归属感的表现，这种情感是带有主观色彩的，在社区交往及社区环境感知中形成，并可能随着社区投入增多、社区交往频率增强和社区环境提升而加深。

小　结

本章介绍了"合村并居"地区两种典型的两个案例的推进模式，这两种模式是政府主导的推进模式和市场主导的推进模式，两个案例分别是邵庄寺社区和万紫园社区。同时这两个案例分别代表着政府主导模式和市场主导模式，具有适宜的比较作用。

通过对本章案例的比较，得出：

首先，两个案例都面临着本地区城市建设用地指标紧张的现状，是中央政府制定的"城乡建设指标增减挂钩"政策的产物，是中央政府批准的试点之一。如果进行"合村并居"，各相关利益者就会得到土地增值收益。邵庄寺社区的地方政府得到的收益远远大于合村农民所获得的土地增值收益。而万紫园社区的泗张镇地方政府根据当地经济发展特点，不走"短平快"的发展道路，而将万紫园社区的投资建设交与市场，让用地单位和合村农民谈判，干好自己该干的事情，虽然目前收益没有邵庄寺社区的地方政府得到的多，但从长远来看，泗张镇地方政府得到的不仅是该地区经济生活的繁荣，而且还有当地社会的稳定有序。

其次，从动力系统来看，邵庄寺社区的内生动力系统动力源——农村自我发展能力较弱，该社区年轻居民出去打工，年老体弱者留在村子里继续过着面朝黄土背朝天的农耕生活。而外生动力系统的动力源，可支持该社区的发展的产业也没有建立起来。而万紫园社区位于以生态旅游为生的泗张镇，合村农民市场经济意识较强，思想较为先进开放，农民的生活水准较高。该社区还毗邻万紫园生态旅游区，因此该社区农民可以从事一些服务业，包括开出租车、开宾馆、卖饰品等等。该社区的动力系统较为强劲。

最后，从"合村并居"的推进方式看，邵庄寺社区实行的政府主导推进方式，表现为建设资金短缺，公共基础设施不到位；而万紫园社区由于经济比较发达，社会上的企业愿意在此投资，建设资金有市场来解决，按照谁投资谁收益的原则进行，各相关利益者都能得到"合村并居"带来的收益。

第六章

激活"合村并居"动力机制的政策建议

第一节 潜在收益内部化

按照制度变迁理论，制度创新是更有效率地组织经济活动的途径，其动力基础在于外部环境变化使得外部利润不断积累，存在经济当事人在现行制度安排下无法获得的外部利益，因而诱致当事人进行制度创新。但在我国现行农村集体土地使用制度安排下，由于城乡土地市场的分割以及土地征收制度的制约，农民无法获取外部利润，并由此导致农民利益被损害以及社会的不安定。而对经济当事人而言，要想获取集体建设用地流转带来的收益，就必须改变现行的土地制度安排，实现土地制度的变迁和创新，从而促使外部利润的内部化。因此，在集体建设用地流转制度创新过程中，要保障外部利润的内部化，使流转的相关参与人能够获取外部利润。农村土地增值收益的分配机制创新的总体思路：（1）切实开展确权登记，赋予农民分享土地增值收益的法律凭证；（2）严格控制征地范围，规范发展农地转用市场；（3）提高征地补偿标准，探索实施财产性补偿机制；（4）规范使用土地出让收益，完善土地出让收益管理制度。这是保障合村居民分享土地增值收益及社会发展成果的重要途径。具体内容如下：

一、切实开展确权登记

保障农民的土地权益必须从土地确权开始，因此必须由政府统一进行覆盖所有土地资源的确权、登记、颁证，确认农村土地所有者和土地使用者的土地权属关系，构建以保护和保障农民土地财产权为核心的土地权利和法律体系，为保障土地财产权、便利土地权利交易提供基础性制度服务。通过制度安排建立要素流转机制，对农地和林地的承包权和经营权赋予使用权和相应的财产权，然后实现确权基础上的可流转和可交易的制度设计，例如河南用活土地复垦券，创新城乡土地增减挂钩政策就是一个成功案例。宅基地复垦券是指符合国家规定的集中连片特困地区、国家扶贫开发工作重点县及贫困老区等腾退的农村宅基地和其他农村集体建设用地，扣除自身安置用地后节余的农村建设用地指标。其中，易地扶贫搬迁贫困户和同步搬迁户农村宅基地及对应的其他农村集体建设用地拆旧复垦产生的复垦券称为宅基地A类复垦券；其他农村宅基地及农村建设用地拆旧复垦产生的复垦券称为宅基地B类复垦券。按照制度要求，在郑州市五区及郑东新区、经开区、高新区内，除了棚改项目等特殊民生项目外，开发商参与新增商品住宅用地竞拍必须提前购买宅基地A类复垦券。2018年8月，河南省自然资源厅扩大宅基地复垦券适用范围，郑州市的中牟县、新郑市、荥阳市土地出让价在每亩600万元以上的商品住宅用地，也必须使用宅基地A类复垦券，宅基地B类复垦券的适用范围则扩大到全省新增商品住宅用地。具体推进方法是：

有序推进交易，科学统筹安排。根据全省贫困县脱贫时序安排和贫困程度，河南省自然资源厅不断增加宅基地复垦券产生主体，扩大交易范围。把国家级贫困县、省级贫困县、黄河滩区居民合建县（区）、脱贫攻坚重点县以及52个未脱贫村产生的城乡建设用地增减挂钩节余指标相继纳入宅基地复垦券交易，目前A类、B类宅基地复垦券涵盖了59个县和52个未脱贫村。在每次交易时，按省委、省政府关于全省贫困县脱贫攻坚时序安排，分类差别化推进宅基地复垦券交易。在安排交易时，对易地扶贫搬合县、黄河滩区居民合建县（区）及2020年确定的20个脱贫攻坚重点县进行统筹安排、倾斜支持、有序交易。同时，根据国务院及自然资源部有关文件，积极向自然资源部申请增加河南省增减挂钩节余指标跨省域调剂调出任务，引入外省发达地区资金支持。

搭建规范平台，促进公平交易。为规范交易工作，河南省自然资源厅委托河南省自然资源投资集团具体承办交易工作，抽调骨干人员，组建工作专班，投资300余万元搭建了河南省宅基地复垦券交易系统平台，从设定交易程序、构建网上交易系统、编制交易细则等方面，夯实工作基础。从交易申请、审核、交易、确认等环节规范交易流程，聘请律师团队和公证人员全程参与，维护交易合法性，保证交易依法、公开、公平、公正，实现复垦券交易规范化、常态化，搞好拆旧复垦，严格耕地保护。

河南省自然资源厅严格坚持耕地数量、质量、生态"三位一体"保护原则，要求各地因地制宜，实事求是，进行分类处置，对农村集体建设用地具备条件的，优先复垦为耕地；不具备条件的，则宜林则林、宜园则园、宜开发则开发、宜生态则生态。复垦后新增加的耕地仍返还原农村集体经济组织和农民耕种使用。一系列举措确保拆旧区复垦到位，保障了耕地数量不减少、耕地质量有提高。

另外，相关产权市场交易平台和交易体系的建立，使农民的这些财产权益可以自主变现或置换，以保障农民的财产和权益。例如，中共十七届三中全会通过的《中共中央关于推进农村改革发展若干重大问题决定》提到，要建立城乡统一的用地市场。所谓城乡统一，指土地同权、同价，农村居民和城市居民同样能够享受到土地增值带来的收益。按照这个逻辑，在规划之内的农村土地中的建设用地，农村居民可用于自行开发，他们有权利不转让给国家，让其进入土地的一级市场进行交易。[1]

确权之后的土地征收和市场化的土地交易，都有了权利补偿的基础，农民在多元补偿中的主体地位得到确立，使得集体土地补偿金能够直接惠

---

[1] 徐琬儿，潘永强，李长春. 我国集体土地征收增值收益分配研究进展［J］. 中国集体经济，2022（12）：7-10.

及农民。

二、严格控制征地范围，规范发展农地转用市场

现行农地非农化转用必须由政府征用的制度，形成了政府垄断土地一级市场的局面，造成了农地变为建设用地过程中的国有化倾向。这种土地国有化的趋势，势必损害农民集体的土地权益。国际上有许多方法来界定政府征用财产的权力适用范围。大量国家的法律非常详细地列出了被视为"公共利益"的用地目的。因此，在我国也应当尝试对公共利益和私人利益的边界进行界定，制定"公共利益征地否定式目录"，明确规定非公共利益目的的用地不得征收。同时，鉴于目前"公共利益"用地也普遍存在占地过多，粗放利用的现象，对为"公共利益"而进行的土地征收仍需要按照土地的市场价进行补偿。对于非公共利用的用地可以尝试征购或集体建设用地直接入市，通过农村土地股份、出租、合作使用，使农民真正成为土地财产主体，扩大土地财产性收入，建立起农民分享土地增值收益的长远机制。

三、提高征地补偿标准，探索实施财产性补偿的机制

我国现行法律法规规定的征地补偿标准，无论是与农民的生产生活保障要求相比，还是与土地供应的市场价格和土地增值相比，都显得很低。这一方面导致失地农民的生产生活很容易陷入困境，另一方面给地方政府获取土地增值收益留下了很大空间，形成了地方政府盲目扩张建设用地的利益激励。从保护农民土地权益和约束地方政府短期行为的要求出发，必须提高征地补偿标准。笔者分四步完成对宅基地置换房补贴标准的探讨。

第一步，对山东诸城8个乡镇进行调查，每平方米给农民宅基地置换房补贴费用相差很大，最高的是最低的3.75倍；接着对150名合村居民进行宅基地置换房补贴费用的满意程度调查，60%表示不满；接着让乡镇政府和村干部对村民宅基地置换房补贴费用进行评价，调查结果表明：双方均认为，合村居民的宅基地置换房补贴费用水平偏低。

第二步，笔者对这150分成几档人进行期望值调查，将每档补贴费用的人数百分比作为权重，可以计算出合村居民对每平方米补贴的平均期望值。先按每档补贴费用的上限计算，计算出上限平均期望值。然后按每档补贴费用的下限计算，可计算出下限平均期望值。最后，计算出合村居民对其宅基地换房的补贴费用的平均期望值，并与合村居民期望值与当地政府推行楼房价格进行比照，发现村民对宅基地拆迁每平方米补助的平均期望值是当地政府出售的楼市价格的0.595倍，约占五分之三。

第三步，笔者给130名乡镇政府和村干部发放调查问卷，统计他们认为每平方米给农民补偿多少才算比较合适。用同样方法算出他们的期望值，并把结果反馈给农民，结果70%合村农民表示反对。

第四步，笔者在合村居民的补贴期望值以及乡镇政府和村干部给村民的补偿定位之间设置了6套方案，询问他们对该方案是否满意，并让他们在满意与不满意两种答案中选择一个答案。满意率之和中的最高值即每平方米给农民补贴费用的合理标准，最终得出宅基地置换补偿合理水平是当地楼房出售价格的一半。这一测算结果的借鉴意义在于，其他地区在确定合村居民宅基地置换补偿合理水平时，也应以当地楼房售价的二分之一为宜。无须再重复以上繁杂的调查和测算。因此，尽管我国合村各地经济水平差异较大，但合村居民房屋拆迁合理的补偿水平为当地农民集中居住楼房平均售价的二分之一的规律具有普遍意义，具有一定的推广价值。限于本章的版面，笔者将在附录中呈现。

另外，还要进一步探索和建立农民分享土地非农化后的价值增值的长效机制，如以地入股分红、收取土地年租金等方式，使农民也能以地生财、致富，保障其长期生活保障，也有利于社会的稳定和和谐发展。为此应该在现有试点的基础上，推广预留发展用地、实施财产性补偿的补偿机制。在实施货币补偿的同时，应当明确规定给被征地的村集体按一定比例预留一部分建设用地，由村集体经济组织建造标准厂房、铺面等进行出租，租金收益以股份形式在村民中分配。实践证明，村留用地既有利于村级经济壮大，土地分红也成为发达地区农民长期分享土地级差收益的重要途径。

四、规范使用土地出让收益，完善土地出让收益管理制度

土地出让收益是土地出让金扣除征地补偿费用和土地配套开发费用后的纯收益。建立严格的土地出让收益基金专项管理制度，不仅有利于这笔资金真正用到农村和包含失地农民在内的广大农民身上，而且是为土地税收走向财产税制的一种准备。要将土地出让收入和成本支出全部纳入财政专户和"收支两条线"管理。实行收支全额预算管理，保障征地补偿资金能够全额到位，并由政府机构直接向被征地农户支付征地补偿费。在现有税费使用规范的基础上，进一步明确规定土地出让纯收益用于失地农民社会保障、土地收购储备、基础设施建设和风险备用金的具体标准和比例。

五、学习国内外先进的政府管理模式

国外在工业化、城市化发展方面起步比较早，对于城市化发展理论以及农民"合村并居"中，政府管理方面的实践发展理论也比较成熟，尤其是美国、德国等这样的发达国家，都创造性地打造了基于本国社会现实发展状况的集中政府管理模式。

（一）美国打造"邻里单位"

20世纪以来一些社会学家以社会改良，改善城市公共卫生为目标的理想社区和"邻里中心运动"为此提供了答案。例如霍华德（Ebenezer Howard）提出的"花园城市"模型，建筑师威廉·德拉蒙德（William E. Drummend）提出的"邻里单位"模型等。1929年，社会工作者克拉·伦斯佩里（Clarence Perry），在他的著作《纽约及周边地区的区域规划》中提到了"邻里单位六点"，他直接借鉴了德拉蒙德提出的"邻里单位"这一概念。邻里单位六点是①规模尺度：邻里单位以一所小学服务的人口为基准提供住房，目的是使小孩上学不必穿越干道。②边界：邻里的边界以干道划分，便于过境交通绕道而不穿越邻里内部，这也使居民有明确的邻里边界感，促进了邻里单位内部的自我完善。③内部街道系统：邻里内部

的街道按等级对应不同的交通量，防止过境交通的穿越。④公共设施的设置：学校、教堂、社区中心应集中设置在邻里单位的中心。⑤开放空间：邻里内形成一系列游乐场和娱乐空间。⑥地方商店：足够为邻里单位的居民提供服务的商店，最好布置于邻里周边。佩里的贡献在于使人们认识到，邻里居住区作为一个物质实体是需要进行规划的。虽然这一观点具有创新性和开拓性，但并未被立即采用，部分原因在于美国一直以来都是以开发小规模居住区为主，缺乏大规模居住区开发经验和政策支持。直到托马斯·亚当斯的大力推荐及1931年胡佛（Herbert Clark Hoover）总统主持联邦居住会议之后，"邻里单位"居住模式才在美国得到广泛应用。

（二）德国打造城乡等值化模式

在20世纪50年代所开展的"巴伐利亚实验"取得的成果是非常显著的，可将其理解为城乡等值化模式。德国巴伐利亚州经过一系列的举措后，在改善当地的农村生产、生活条件上起到了非常重要的作用，实现了农村等同城市的目标。同时在推动欧盟"现代化田园"建设上也有着不可替代的地位。总的来说，"巴伐利亚新农村"模式强调规划先行，也就是根据当地的实际情况来做出科学的、合理的规划，对区块间的功能定位进行明确，实现土地资源分类整合的连片，加大对传统文化的保护力度，延续村庄传统的建筑风格，并适当的创新；通过积极落实"村庄革新"项目，为当地村民提供完善的、健全的公共配套设施，最大限度地满足村民在公共服务、公共产品方面的需求，有助于促进村民生活质量的大幅度提高；引导全民参与村庄规划，凸显村民主体地位，在村庄规划的过程中，充分的调查与整理村民的意见、需求等，这对于保障规划方案的科学性、合理性有着重要的意义，并有利于构建共建共管的长效机制。

通过对德国"巴伐利亚新农村"模式的实施情况及成果进行综合的、全面的剖析后，可清晰地看出应将构建城乡等值理念、严谨规划方法、改善基础设施、优化法规体系以及鼓励村民参与等作为重点。

（三）上海市采用"革新村"模式

国内较发达的沿海地区城市化发展较早，社会生产力水平较高，对稀缺的土地资源的优化配置提出了更早、更高的要求，因此我国东部沿海地区的"合村并居"改革也相应早于中西部地区，尤其是京津冀沿海地区、长江中下游地区、三角地区，"合村并居"模式得到快速的发展。

闵行区浦江镇革新村结合自身特点统筹谋划，紧紧围绕乡村振兴战略总要求，全力推进农民"合村并居"。革新村坚持以规划为引领，启动革新村村庄规划，修编建立"黄家宅"和"徐家宅"2个集中归并点。同时同步实施天然气入户、架空线梳理等项目，修缮文化客堂间等公共服务设施，在促使农民享受到高标准的配套服务的同时，又能够保留农村的田园风情。针对具有建房资格的村民，分类推进他们的"合村并居"。另外，对不再享有本村建房资格与宅基地权利的农村居民，政府应该为他们制定出完善的、健全的退出方案，保障他们的合法权益。通过多元安置方式，解决住房问题，更有序、规范、稳步的推进农民建房及公建配套设施建设，创造出既节约居住空间又能适应新生产生活的环境，切实改善农村人居环境，开拓城市发展空间，积极探索城乡融合机制。

上海市进行小城镇改革试点的过程中，支持开展增减挂钩改革试点推进宅基地归并，对土地出让金收益扶持政策进行明确，以项目支出的形式由区县政府审批相关项目，并将得到的土地出让收入投放到试点地区的基础设施建设中。政府应赋予当地农民多种选择权，引导农民退出现有宅基地的同时，为他们提供更好的集中居住环境与条件。当然，由于不同村庄的实际情况必然会存在着一定的差异，因此需要因地制宜地制定宅基地退出政策与模式，并提供多样化的退出渠道。对于选择退出进入新市镇、新城镇的农民，政府应该为他们提供与城镇居民相同的社会保障、户籍制度等。另外，补偿机制方面推出了"房屋+货币"的补偿形式，此背景下选择退出的村民可根据自身的实际情况，选择进城或进镇安置。在农民集中居住工作持续推进的过程中，我们应该给予挖掘近现代人文、建筑足够的重视，对建筑结构或质量不好但拥有传统风貌、风格的农宅进行保留与修复。最后，在新建农民社区规划期间，可考虑向中心村集中，该举措不但能够将农村与地方的特色呈现出来，而且在丰富文化内涵方面也有着重要的意义。

（四）天津市推行"宅基地换房"模式

天津市小城镇与村庄在 2005 年以前存在着众多问题，主要表现在：人口密度低，村庄人均建设用地大，土地利用率偏低，土地价值很难体现；小城镇建设缺乏资金的支持；各种公共服务设施与基础设施不健全，其设施水平偏低；垃圾、污水随处堆放与排放的情况较为常见，对小城镇与村庄的可持续发展、投资环境产生了较大的负面影响。对此，天津市政府为了对以上问题进行解决与处理，在 2005 年 8 月开始了对市郊各镇村的调研，并得到了"宅基地换房"的方案，具体为：

在国家政策框架内，本着尊重农民意愿、可耕种土地不减、承包责任制不变的原则，构建生态宜居新型小城镇。具体来说，"宅基地换房"的核心是运用土地置换的方式来对相关问题进行解决。其中，尊重农民意愿是指政府坚决不做农民不满意、不高兴、不同意的事情；可耕种土地不减是指只使用农村存量建设用地，不得越过国家规定的 18 亿亩耕地红线；承包责任制不变是指不能改变家庭联产承包责任制。国土资源局在 2005 年 10 月颁布了《关于规范城镇建设用地增加与农村建设用地减少相挂钩试点工作的意见》，意见中同意天津等地开展试点。在此背景下，天津市在建设示范小城镇的进程中，采用的是"宅基地换房"的策略，具体来说，宅基地集中是"宅基地换房"的首个环节，在集中后统一建房居住，这对于土地的节约有着重要的意义。

实践证明，在实施"宅基地换房"后可节约 50%-60% 的土地，意味着土地集约化程度得到了显著的提升。根据天津市政府所制定的置换标准，农民可用宅基地无偿地换取小城镇中的新住宅。另外，对原有的宅基地统一复耕，进而达到耕地质量不减、总量不变、占补平衡的目标。

（五）盐城市打造"乡村风情诗意栖居"

大丰区自 2018 年开始持续改善农民群众住房条件，并取得了较为显著的效果。数据显示，截止到目前，大丰区共完成 3779 户农房的改善，其中购房 164 户、进城购房 1147 户、完成规划发展村庄改善提升 482 户、新建集中居住开工建设 1986 户。大丰区委、区政府充分认识到了改善农民群众住房条件的重要性，在此背景下不断出台与颁布相关文件、政策等，例如《关于加快改善全区农民群众住房条件推进城乡融合发展的实施办法》等。与此同时，主要领导多次开展专题研究农房改善工作，对14个农民集中居住点实现了全覆盖督查，并多次召开座谈点评会以及推进会等。不难看出，大丰区在农村集中居住区的规划建设管理中，对规划选址、公共服务设施、基础设施、道路交通、绿化景观、建筑节能等众多方面都作出了严格的、明确的规定，这对于推动农村改善建设工作的有序进行发挥着重要的作用。大丰区对于有条件进城入镇的农民进行优先引导，同时在对新型农村社区的居住规模、用地边界、规划布局进行确定的过程中，充分考虑到农民的想法与意见。对于有经济能力的农户，大丰区鼓励他们到小城镇集中安置或进城购买商品房，进而促进城市集聚能力的提高，推动小城镇的持续发展。同时规划建设一批农村集中居住示范点，增强配套基础设施的建设与优化，促使集中居住管理与服务功能得到增强，最终达到吸引农民集中居住的目标。改善提升一批村庄点，提高该地基本公共服务水平，完善基础设施条件。另外，侧重于和乡村旅游、人居环境整治、精准脱贫、乡村振兴的充分融合，并将D级危房户、四类重点对象危房户作为改善底线任务，最大限度地保障困难群众的生活。在评审农房改善建设规划方面，邀请城镇与乡村规划设计院的相关专家，建设具有宜居宜业、群众欢迎、功能健全、美观实用特征的村庄。坚持新老村庄融合发展，避免出现乡村景观过于城市化的问题。

第二节　激活、提升综合驱动力

一、提升综合驱动力必须激活内生动力系统

解决文化动力不足的问题需要实现中国传统农业文明向闽浙精神文明的现代化转型。"浙商"所代表的海洋性文化作为中华整体文化的固有基

因，彰显出巨大价值，其巨大价值集中体现于海洋文明的开放精神。闽浙精神与文化积淀是今天中国改革开放、走向世界的本土资源。马克思主义认识论告诉我们：任何事物的发展变化，内因是最重要的、起决定意义的因素。因此，提升综合驱动力必须从解放农民和基层政府的思想，培养现代文化思想入手。中国改革开放40多年，是对中国传统农业文明的一个艰难的现代化转型。① 转型尚未完成，我们应继续努力。

（一）基层政府、农民要解放思想

作为"合村并居"的主体之一，一些基层政府片面追求经济利益的思想观念没有冲破以经济增长为唯一目标的旧观念的禁锢和束缚。他们认为只有做好了"形象工程"和"面子工程"才有晋升的机会，受这种观念的影响，一些地方政府出于推进"合村并居"建设政绩的考虑，出现了强行推进的"野蛮"行为，对农村居民的利益如何保障和提高漠不关心，漠视了科学发展观"以人为本"的基本理念，漠视了农民的权利和利益要求。农村居民，作为"合村并居"的另一个主体，一些人的小农意识比较强烈，重经验、轻知识，思想观念落后，安于眼前所得，不易接受新生事物。农村居民只知道依附和盲从地方政府的安排和摆布，在"合村并居"中，只有当基层政府不尊重他们的需求和利益时，他们才会以反感甚至抵制来表达自己的不满情绪。正是由于基层政府和农村居民思想观念的落后，导致农村居民看不到"合村并居"的前途，产生了抵制情绪，致使该行动速度放缓。

先进开放的思想能够为"合村并居"建设提供强大的精神动力和智力支持，激发农村居民的发展欲望和利益需求，激发广大农村居民主动积极、热情地投身于"合村并居"建设；先进开放的思想会使基层政府尊重人民的意愿，从"官本位"思想向"民本位"思想转变；先进的思想还可以促使农村居民内生互助与合作的精神，最终为"合村并居"建设提供

---

① 周秀杰，钱俊岳. 闽商文化的传承与传播及其对青年的影响——以福建省大学生创新创业的视角分析［J］. 东南传播，2018（3）：21-22.

内在的精神支持和持久的凝聚力。在"合村并居"行动中，以人力资源为核心的内生动力系统在整个动力系统中起决定作用，人力资源是推动社会经济发展的一定地域空间的劳动者的能力总和。人力资源是为社会创造精神、物质、文化财富的具有体力和智力劳动者的数量和质量的总和。它是体现在劳动者身上的一种劳动能力，有数量和质量的规定性。诺贝尔经济学奖获得者舒尔茨也认为，研究经济发展的动力，人是经济社会发展中最主要的因素。因此，提高人的思想意识也就是解放思想、激发其主观能动性成为关键的因素。

基层政府、农村居民作为"合村并居"的行动主体，需要培育他们的精神动力。具体思路如下：

首先，改革基层政府的政绩考核体系促使基层政府实现思想解放，从"官本位"思想向"民本位"思想转变。改变基层政府在"合村并居"活动中的政绩评定体系，不要按照县级以下合村任务的完成制定对基层政府奖惩的标准，实行农民评定基层干部的制度。按照基层政府能否走近农民，了解农民的需求，倾听农民对"合村并居"的看法和建议，通盘考虑农民的近期利益和长远利益，然后与农民及精英通力合作，根据当地实际情况，制定出一个可行性发展报告向上级报告作为对他们评价的标准和依据，以此来转变他们的执政理念，转变他们以官为准、以官为贵、以官为高、向官靠拢、向官看齐的"官贵民贱"思想。

其次，通过学习教育，实现农民思想上的解放。通过教育学习，树立农民是"合村并居"的主角的思想，消除其依附被动的思想。通过培训、讲座、广播、电视、电影、标语、典型示范和公开栏等各种形式，使农民对中国的"合村并居"行动有一个深入的了解。利用现代信息技术，建立农民远程教育网络，让农民了解外面的世界，了解"合村并居"行动搞得好的地区的原因，对比分析自己区域的优势和劣势；让他们懂得为了居住条件和生活环境的改善，不应因循守旧，而是要顺应社会潮流，根据当地实际情况规划出一个主导项目并且齐心协力地去实施。

(二) 要培育合村居民的现代化思想

"合村并居"使"熟人社会"向"陌生人社会"转变，这一转变使旧有的以"熟人社会"为基础的乡村社会关系基本上被以利益为核心的、理性化的人际关系所替代。这种关系是培育法治思想、契约文化、公民意识等现代化思想因素不可或缺的丰裕的给养。具体表现如下：

1. 法治思想

法治是一套严格获取、运用、更替国家权力的标准和规范，通过法律的约束保障社会主体的自由、平等和权利，"法治是确立民主、权利和自由等法的价值理念的载体"[①]。随着"合村并居"，社会关系的重组，社区居民只有具有法治思想或意识才能控制和协调好自己的行为以及重新分配各种利益并保证利益的实现。"合村并居"有利于新建社区居民的法治思想或意识的培育。"陌生人的社会"打破了传统社会关系的封闭性、固定性和"熟人性"，静止、传统、单一和封闭的乡村已经成为历史，流动性、开放性、异质性的新型农村社区正在形成。"合村并居"建成的农村社区，一般由5-7个行政村合并而成，人口有1500户，大约5000人。社区成员身份体现出多元化特征：一是来自不同行政村的具有本社区户籍并生活于本社区的农村居民；二是不具有本社区户籍但长期居住在本社区的所谓"外地人"；三是不具有本社区户籍但在本社区临时打工的外来人员；四是户籍已经迁出但仍然长期居住在本社区的已经出嫁的女性；五是由于"农转非"政策，已经退休，现在居住在本社区的成员。社区人员身份的多样性和异质性，使得以传统的人际交往和联系的方式即以血缘和亲属的关系来处理人们之间的关系已变得不可能，必然要求社区居民具有法治意识或思想，即用一个权威性的非人格化的行为规范来控制和协调自己的行为以及处理他们之间的各种关系的思想，这样居民在现实中才能遵守法律，运用法律来解决各种问题。同时，"合村并居"要想重新分配各种利益并有效保证各种利益的实现，社区的居民群众、居民委员会、党组织、基层政

[①] 马岭.辨析差别：礼治与法治之异[J].学习与探索，2021 (9)：82-87.

府及机构、各类民间组织等多种社区主体,只有具有法治思想,才能权威性地实施并且运用法律,使社会矛盾有效地控制在秩序范围内,使不同的利益群体之间的相互关系达到协调和并存。

2. 公民意识

"合村并居"使人们之间的社会关系不再是超经济的人情、伦理关系,而基本上是纯粹的经济关系,与这种经济关系相适应的公民意识将逐渐培养起来。公民意识是一种现代意识,是在现代法制下形成的民众意识,它表现为人们对"公民"作为主体的一种心理认同与理性自觉,它体现了社会成员对自己基本社会身份的认同。"合村并居",有利于传统乡村社会的村民意识向现代社会公民意识转变。"合村并居",打破了狭隘的时空限制,弱化了传统的宗法血缘纽带,新建农村社区日益多样化和多元化,社区居民对有宗族血缘形成的自组织的强烈的依附心理开始减弱,他们旧有的带有自然经济特征的社会意识受到冲击,他们思想与活动的独立性、选择性、多变性、差异性明显增强,传统的村民意识日益边缘化,自主性权利意识逐渐增强。新建社区居民将逐渐自觉遵循市场规律,积极参与市场经济的大潮,参与并遵守社会资源按市场配置资源的规则和秩序。社区居民在广泛参与政治、经济等社会生活的过程中,越来越强调自己的主体意识、权利意识,关注、尊重与维护他人的自由和权利,逐渐形成支配自己社会行为的新的基本价值观念,逐渐培养起了公民意识。

3. 契约文化

"合村并居"使基于信任、友谊、亲情和习惯建构的乡村社会关系被大大弱化;个人的独立性逐渐增强,利益关系在社区居民之间的交往中日益占主导地位。"合村并居"以后,靠血缘、亲缘、宗缘、地缘等社会关系来维系人们交往的方式已行不通,契约成为社区居民社会交往的基本交往方式。随着利益要素日益占据了重要地位,商品的交换成为社区居民生活中不可或缺的一种交往行为,商品交换遵循自由,依赖平等。社区居民通过自由竞争,自己设定权利、履行义务和承担责任。自由、平等的原则冲击着社区居民原有的人与人之间交往时所遵循的观念和传统,他们在缔结契约时,逐渐学会把契约双方的平等要求普遍化。这种平等包含主体地位的平等、机会的平等、权益的平等,也包含主体及其权利受法律保护的平等。这就削弱了传统社会里形成的等级与特权、权威与依附等不平等的社会格局,形成了现代社会里人们之间缔约自由、确定契约内容自由和缔约方式自由等契约的核心价值。遵守信用也逐渐成为"合村并居"后人们交往方式的一个内在原则。社区居民居住集中、紧凑,根据信息传播的规律,人口越集中消息传播得越快,且坏消息比好消息传播得快。所以,一旦有的居民名声不好,在很短的时间内全社区居民都会知晓,在日常交往中人们会将其当作另类,甚至还会殃及其家人的前途,所以社区居民非常注重信用。守信几乎将全社区的人都囊括进来,具有极大的普遍性,守信在社区居民交往中的作用日益突出。自由、平等、守信理念的形成标志着契约文化的形成。

二、加强"合村并居"的外部推动力

乡镇政府在"合村并居"场域中面临的问题,恰恰也是当前基层治理中存在的突出问题,要提高站位、思路放宽,从宏观政策制定方面,为基层赋能,推动基层政府角色功能的转变,让基层政府在畸形压力型体制下抽出身来,更好地谋划自身发展大计。

(一)厘清基层政府权责清单为基层赋能

由山东省印发的《山东省乡镇(街道)职责任务清单指导目录(试行)》(简称《指导目录》)公布,《指导目录》从基层党建、农业农村(经济发展)、综合治理(综合执法)、公共服务等七个方面明确乡镇(街道)应承担的176项具体职责任务。各市也以《指导目录》为基础,分别编制本市乡镇(街道)职责任务清单。指导目录以期建立严格的交办事项准入机制,推动镇街在法定权限内依法履职,在法定之外的不得层层加码。在明确乡镇职责的同时,一方面,上级区县政府部门应当在职权范围内,赋予乡镇基层政府在基层发展过程中迫切需求的一定的经济社会管理权限,并在推进过程中不断进行权力移交,在行政审批、国土执法、市场监管等方面着重下放权力,特别是在"合村并居"场域中,基层所急需的执法权、审批权以及城镇土地规划过程中的主导权要及时下放,保障乡镇基层充分的参与权和议定权。另一方面,上级区县政府部门要充分结合乡镇意见,逐渐建立完善的权力清单、责任清单和服务清单,扩大乡镇在城镇规划建设管理、农村经营管理、民生保障等方面的服务管理权限。此外,区县级职能部门在严格遵守法定程序的基础上,在下放权力的过程中要不断完善权力运行的监督机制,要成立专门队伍在乡镇实施"合村并居"等重大项目时进行帮助和指导,定期开展培训,帮助乡镇政府制定确切的上级政策,制定标准和实施流程,赋予基层乡镇充足的最终解释权,让基层工作更有力度、更有底气。确保在"合村并居"项目实施过程中,乡镇政府有足够的事权,从含糊不清的上级部署中解脱出来,能够结合自身制定政策,更加明确、更加精准地答复群众疑惑,解决群众困难。同时,乡镇政府要对农村新型社区的后续治理模式赋予更多自主权,引导群众规范参与社区治理,群众的事情群众要在一定程度内知晓、在接受范围内明白、在政府引导下参与、在民主协商中决策。

(二)优化目标考核机制为基层减负

乡镇年度经济社会发展综合考核工作是县级政府考核乡镇工作的主要渠道,通过对各项工作进行综合研判、分析,综合考虑全年日常成绩,对各项工作权重进行科学分配,加总成绩进行排名。乡镇级目标考核工作,很大程度上为基层各项工作注入了动力,让乡镇基层在"比学赶超"中互比互促,推动了地方经济社会等发展。但另一方面,考核内容设置是否合理,配比是否科学,是否掺杂人为操作空间,直接关系到考核质量。区县政府对乡镇基层的考核机制很大程度上导致了基层"只唯上不唯下"的工作风。要想从根本上解决这些问题,必须进一步优化考核指标制定,要弱化经济指标等考核指标的占比,或平衡其他工作占比,让基层不再继续单纯追求经济指标的发展,而忽略了社会民生事业的推进。首先,为保障考核工作的客观有效,建议引入第三方考核机制,让县级政府部门考核与第三方考核成绩进行有效衔接。同时,增加群众意见占比,让考核工作在阳光下运行。其次，要持续优化考核配比，杜绝唯经济指标论英雄的考核观念，让基层将精力科学分配到经济社会发展的各项事业中去，防止各项工作出现"跛脚"现象。最后，杜绝形式主义蔓延，减少不必要的督导考核与指标任务，弱化县级部门对乡镇级考核权力，让基层政府从畸形压力中解脱出来。

在"合村并居"项目中强化乡镇资源倾斜和整合能力。"合村并居"项目涉及基层治理的方方面面，需要多方面的资源支持，包括项目资金、土地指标、执法权限等。而现实情况中，乡镇政府在获取资源的过程中渠道窄、力量相对薄弱。从资金来讲，从前期土地整合到中期补偿发放与安置房建设，到后续基础设施打造和社区服务，必须有雄厚的资金支持，但对于乡镇而言，在资金的整合和获取上能力十分有限。

这就要求，一方面，区县政府要在"合村并居"项目建设中将所需的资金和权力向乡镇政府做适当倾斜，要注意结合乡镇实际情况，保障乡镇政府拥有足够的能力完成"合村并居"项目，保障乡镇政府在项目推进过程中有足够的话语权和参与权，将项目的解释权赋予基层政府，使其能够在群众工作中掌握主导，真实掌握和反映群众诉求，有能力满足群众需要，保障项目顺利推进。例如L镇所在县区近年来通过县财金集团主导"合村并居"项目建设的形式，通过国企对项目进行融资，多方引入社会资本，通过政府担保的形式，筹措资金，对所建项目进行市场化运营，解决了部分乡镇在项目推进过程中的后顾之忧。另一方面，乡镇政府也要通过现有资源提升资源整合能力，充分利用"合村并居"场域中所下放的权力，采取多种方式联合社会力量共同建设农村社区。乡镇政府要在"合村并居"项目推进中不断提升自身整合资源的能力，通过联合县级执法部门成立联合法队获取部分执法权，联合县级项目指挥部成立联合领导小组获取项目规划与审批权，联合县级财政部门多方筹措资金。如L镇发挥本镇自身条件优势，引入企业参与，将京博集团与博华农业引入"合村并居"项目链条，有效强化了乡镇自身资源整合能力，保障了项目推进和后续工作的顺利进行。此外，乡镇政府要在因地制宜尊重地域发展特色的基础上，盘活本地区自然资源、产业资源、人力资源等优势，鼓励引导有能力的行政村主动参与和推进自身城镇化建设，让"合村并居"成为乡村发展到一定程度的产物，而非政府强力推行城镇化的手段。

(三) 制定适合社区发展的主导产业项目

基层政府和农村居民作为动力机制的主体，他们的通力合作，可以使"合村并居"建设事先经过周密的思考和论证，在执行中周密部署，在事后认真总结，从而准确定位，确立本区域的特色项目，这是实现农村可持续发展的不竭动力。但是，在"合村并居"的行动中，由于一些基层政府没有尊重农村居民的知情权和参与权，没有将该行动的目标、代价以及前途等相关事宜给农村居民讲清楚，致使他们对该行动产生误解，表现为冷漠或对抗。同时，一些"合村并居"的农村区域没有支持该区域发展的主导项目的科学规划，行动主体缺乏实现目标的凝聚力和向心力。中央一号文件明确规定：各级政府要切实加强村庄规划工作。但笔者认为，身在农村，农民和农村精英最熟悉农村，最了解农村，他们知道从哪里入手，也知道从哪里突破。因此，党委和政府在对"合村并居"进行规划时，有必要让一些农村精英参与科学规划的团体，同时还要特别保证农民群众对"合村并居"规划的知情权、参与权和监督权，听取农村居民的意见和建议。规划文本经过科学论证后应由相应级别的人民代表大会讨论、批准，使其通过法律程序成为公众的意志。经人民代表大会批准后的规划，同级政府要按规划开展各项工作，不能随意更改；如果确实需要修改规划，也需要按法律程序来进行。

诚然，在制定"合村并居"的科学规划中，科学制定交通网络建设规划，实现广覆盖是重要的；科学制定生态新村建设规划，建立宜居环境是必要的。但科学制定主导项目发展规划，帮助农村居民实现快速致富的项目是吸引农村居民"合村并居"的最重要的动力。

农村精英和基层政府在制定主导项目时，应掌握以下几个原则：

第一，立足当地实际情况，找出自己的优势领域。深入考察自己所在区域，至少了解一个乡镇的范围经济发展处于什么水平，分析什么原因使当地经济处于现在水平；自然资源和人力资源以及区位上有哪些优势和不足，如何趋利避害，比如根据当地的实际情况，来决定成立养殖协会、蔬菜协会、药材协会还是水果协会等。

第二，要以乡镇为单位，按照条件相近，生活相似，项目雷同的原则，几个村一起推进，成立村民合作组织或成立农民协会，以改变农民的单个的原子化状态，改变"小社会"与"大市场"对抗的不利状况。

第三，注重规划的科学定位。"合村并居"应按照市场经济的需求进行项目的规划，并且与相邻城市为中心的区域发展规划对接，要注意克服"合村并居"有项目就行的思维，只有这样才能使广大农村真正接受中心城市的辐射和带动，从而能够获得在人才、信贷、税收、财政等各方面的支持。这里仅以四川省的蒲江县为例。四川蒲江县是地处我国西部、隶属成都的一个30万左右人口的丘陵山区县，该县没有能源与矿产资源，过去也没有什么大工业和大型国有企业，是一个自然生态环境很好的农业县。近年来蒲江县的发展令人刮目相看，蒲江发展的主要思路是"以农为本、城乡统筹、三化同步、生态富民"。蒲江县始终把农业作为县域经济发展的支撑点，长期坚持不动摇，实现了传统农业向现代农业的转变，去年全县农民人均纯收入超万元。现在的蒲江已经培育出了三大主导农业产业：一是茶叶。涉及茶生产、茶加工、茶生态、茶文化、茶旅游、茶贸易的全产业链发展和品牌开发。二是猕猴桃。面积达几十万亩，品质好、质量高、保存期比较长，实现了规模生产、产业化经营、品牌化营销，目前，联想集团已与该县的猕猴桃产业实行全方位合作，前景非常好。三是生猪养殖业。蒲江县属国家生猪屠宰点。其他还有柑橘、樱桃等产业。蒲江的成功关键在于他们抓住了现代农业的本质内涵，以品牌建设为龙头，不仅做好农业上游，而且做好农业下游，不断拓展农业的功能、尽可能延伸农业的产业链，取得了很好的经济、社会和生态效益。[①]

---

① 黄祖辉. 现代农业能否支撑城镇化？[J]. 西北农林科技大学学报（社会科学版），2014，14（1）：1-6.

(四)要引导合村居民积极参与

农村居民及农村精英作为"合村并居"行动的主体,他们对"合村并居"的认同和主观能动性不强,他们的参与力明显不足,表现为对该行动或是漠不关心,或是抱怨。参与力不足的主要原因是,农村居民在行动中所付出的成本要大于他们所获得的收益。成本分为经济成本和心理成本,经济成本是指由于空间的转移而失去和花费实物以及货币的数量。如农业纯收入的丧失、农村房屋的丧失、农业土地的丧失、寻求新工作的成本、居住成本和生活成本等。心理成本则主要指"合村并居"者对其生活的乡村和亲友的眷恋心理,对农村生活习惯的眷恋心理,对新工作和新生活环境的不适应心理,对失去土地的恐惧心理和对小区公共服务不到位的不满心理。而农民所得的收益所能看得见的只是居住环境的表面改善和变化,由于宣传不到位或规划不科学,他们对"合村并居"后家庭的前途和命运产生了一种茫然失落感。"合村并居"中如果没有农民的积极参与和农村精英的积极引导,中国保住18亿亩耕地红线,实现农民人居环境的改善,将是一句空话。从经济学的角度讲,农民是理性的,他们追求利益最大化。一旦有利益,农民就会为追求利益而创新。因此,想要调动农民对"合村并居"的积极性,在物质层面上,就要保障他们的经济权益和财产权益不受损失,制定合理的房屋拆合和征收土地补偿标准。

在精神层面上,要大力宣传"合村并居"后给农村带来的巨大变化,激发农村居民为美好生活奋斗的热情,鼓舞他们的斗志,使他们坚信,在经济条件不是很具备的情况下,只要充分利用智慧,大胆尝试,敢于冒险,就能克服困难,创造出意想不到的财富。

在法律制度层面上,实行"即时"评估制度。进一步修正与完善拆迁补偿制度,实行"即时"评估制度,使拆迁安置补偿随房地产市场发展变化而变化,按照房地产市场评估价格来确定货币补偿的金额,与呈现动态连续性特征的房地产市场发展相协调,充分贯彻市场化原则。在实施操作层面上,应做到:

第一,建立透明的听证机制和顺畅的沟通渠道。利用网络、新闻发布会等多种方式，建立透明的听证机制和顺畅的沟通渠道，保障被拆迁居民的知情权、参与权和监督权，使他们能够做出理性的抉择，使拆迁补偿制度符合民意。

第二，构建"合村并居"居民房屋拆迁补偿的协商机制。针对"合村并居"当事人最为关心的拆迁补偿问题，在信息公开、沟通顺畅的前提下以及利益相关各方平等协商的基础上，构建关于"合村并居"居民房屋拆迁补偿的协商机制，通过各方的讨论协商，尽可能给予拆迁过程中利益受损方较为满意的补偿。

第三节　实行以市场为主导的推进方式

一、构建服务型政府

我国政府的职能经历了计划经济体制下的全能性政府、改革开放初期的经济型政府、改革开放中期的调节型政府，目前正在努力构建服务型政府。在以市场为主导推进的"合村并居"中，政府应该管住"手"，不到该出手时就不要出手，恪守一个服务型政府的职能和职责。解放生产力，促进社会发展，提高劳动生产率，是衡量政府效率的唯一依据。因此，地方政府要顺应国际、国内社会形式的变化，不断调整自己的社会定位，明确自己的职责，在某些领域中防止政府干预过多，或者干预不当，还需要尊重基层实际，多倾听基层声音，通过减负赋能，强化基层在"合村并居"场域中的发言权和主动权，让基层由被动执行者逐渐转变为能够掌握自身发展方向的决策者和参与者，最终引导基层政府回归"服务者"这一本来属性。在"合村并居"项目实施前后，政府要高标准、高站位的谋划新型社区治理模式，要引导传统乡村治理模式向城市社区治理模式转变，积极化解在转变过程中产生的矛盾问题，让农村新居民感受到项目带来的生活便利和品质提升。同时，政府也应充分调动群众的参与热情，引导和鼓励群众参与到乡镇发展的远景规划、迁占补偿政策制定、项目验收、后续保障等方方面面中，充分保障群众利益，在市场经济中构建成为服务型政府。具体表现如下：

（一）上级政府要将部分权力下放给乡镇政府

上级政府要在项目具体实施过程中，让乡镇政府拥有更多的自主性，应着力加大乡镇政府职权的自主性和合法性，让乡镇政府能够有空间"自己办自己的事"。明确了乡镇政府职能，可以形成上下级府际间的良性互动，化解上下级矛盾，实现上下级府际总体利益最大化。因此，构建府际间的协作关系、打造良性博弈是破除乡镇权责失衡问题的关键，而依法依规并合理分配乡镇政府职能是良性博弈体系构建的重要环节。上级政府管控着乡镇的财政和税收分配，掌握着乡镇主要领导的人事权，导致乡镇政府有很强的"只唯上"特征，不能很好地发挥其独立自主的管理能力，上级政府应该将部分权力下放，赋予基层必要权力，减少对乡镇的直接控制。在"合村并居"项目的规划伊始，上级政府应充分征求基层政府意愿，通过"区县提议、乡镇'竞标'、群众参与"的模式，赋予乡镇充足的选择权和参与权，保障乡镇政府参与"合村并居"项目的全流程，充分将有发展潜力，能够实实在在提升乡镇发展水平的好项目落地到适宜乡镇，让因地制宜在"合村并居"场域中落地生根、真正发挥作用。

（二）建设市场软硬环境[①]

外部环境包括硬环境和软环境。硬环境方面：一是提供有关条件，以保证中央投资的公共产品发挥正常作用；二是根据当地发展情况提供地方的公共产品即"合村并居"所需的基础公共品，以消除推进过程的"瓶颈"。在市场硬件环境基础设施的建设中，地方政府普遍面临资金约束，可采用"以桥养桥""以路养路""以电养电"的形式打破基础设施由政府统管，资金由财政包办的投资体制，坚持"谁投资，谁受益"的原则，

[①] 张榫榫，董瑶，易涛. 数字经济、区域软环境与技术转移网络的形成［J］. 科研管理，2022，43（7）：124-134.

通过集资、贷款、合资等多种形式，筹集大量资金推动基础设施的迅速发展。

在市场软环境的建设方面，相对于硬环境而言，市场软环境比较隐蔽与复杂。但随着经济的发展，软环境的建设显得越来越重要。地方政府服务型职能对于软环境的建设体现在：

第一，良好的官风民风建设。地方政府要转变执政理念，转变"官贵民贱"，即以官为准、以官为贵、以官为高的思想，形成亲民爱民的思想。

第二，安全文明的社会生活环境建设。物质文明和精神文明要两手抓；道德建设、文化建设时时刻刻都不能松懈；社会治安管理要狠抓不放松，努力营造一个安定、文明、合作与和谐的生活环境。

第三，政策与服务环境建设。包括法律服务、投资引导服务、行政管理服务、政策服务等。政府有关部门通过各种宣传途径向外介绍本地的经济发展情况、产业政策导向以及投资环境等，通过提供各种税费政策、放宽人才引进的限制和开放市场等方式，通过完善法治建设、注意改进政府机关的工作作风、简化工作程序等方法，努力营造良好的投资环境，积极引进外资投资于"合村并居"中。

(三) 提供信息服务

"合村并居"的推进实际上是多种利益主体进行分散化决策的过程和结果，要使多种相关利益主体的决策与政府宏观经济目标的要求相协调，一个重要的前提就是发布和传递各种信息要及时准确，以便各部门、各相关企业、合村农民进行合理的决策。如果市场反应迟钝或经济信息传递具有不确定性，"合村并居"的顺利推进就会受到一定的影响。政府通过改善市场的信息结构，校正市场信息，可以使多种利益主体的运行比较协调，接近政府引导选择的方向。由此看来，政府及时提供准确的信息服务，促进各类信息的畅通，是保障"合村并居"顺利推进的重要前提和手段。地方政府应通过培训、讲座、广播、电视、电影、标语、典型示范、和公开栏等各种形式，让合村居民对"合村并居"行动有一个深入的了解。同时地方政府应利用农村的信息技术，建立农民远程教育网络，让农民了解外面的世界，了解"合村并居"行动搞得好的地区的原因，对比分析自己区域的优势和劣势，让他们懂得为了居住条件和生活环境的改善，不应因循守旧，而是要顺应社会潮流，对根据当地实际情况规划出的主导项目齐心协力地实施。

(四) 维持有效的市场竞争秩序

我国的农耕文明有着悠久的文化观念的积淀，这种文化观念是与封闭性和农业生产方式相适应的，虽然其中不乏有价值且富有地方特色的内容，但其中的保守性和封闭性特征相当明显，企业和个人缺乏市场竞争的意识和动力，知足常乐、求稳怕变仍是主流观念和行为模式，而且惯性很大，这在很大程度上阻碍了市场经济的进程。我国地方政府在推进区域市场化的过程中，第一，改变地区封闭性、宗法性和墨守成规的文化和价值传统。全方位深度对内（外）开放，打破地区市场保护主义观念导致的地区经济组织自成体系和垄断格局，走国际化发展之路，引入多元性文化和商业制度。第二，要形成制度创新环境，并建立强制性与诱致性制度变迁的转换机制。充分重视民间制度创新主体的积极作用，适时将执行制度变迁转化为强制性制度变迁。我国以农业为主的地区，市场经济观念滞后，需要政府对观念更新施加影响。人的观念决定人的行为方式，而行为方式极大地影响经济活动的效果。我国以农业为主的地区有赖于思想解放、积极进取、敢闯敢试的市场主体，但实际上农耕地区尚欠缺这样的市场主体，这就需要农耕地方政府去培育。因此，改变人的价值观念和行为方式，主动、积极地启动市场并培育市场，就成为农耕地方政府的一个主要功能。

对市场秩序不健全的"合村并居"来说，地方政府对于建立市场的公平竞争程序负有更加重大的职能。这突出表现在：转型经济中，由于传统计划经济的历史积淀和市场构建的复杂性，政府必须进行强制性的制度安排，不仅要为市场、社会、企业家等制定规则来约束他们的行为，还要为自己制定规则，进行自我限制，从而消除对市场竞争的限制和障碍。① 政府可以建立和完善公平竞争的规范体系和政策框架，减少影响竞争充分性的因素，创造充分竞争的环境，界定市场主体的产权边界和利益分界等方面。在"合村并居"中，多种利益相关者的各种经济行为的方式及其目的的实现固然受到市场各种变量诸如原材料成本、价格、可用的劳动力、供求状况等因素的支配，且这些变量以其特有的规律调整着经济主体的行为，自发地实现着某种程度的经济秩序；但是以谋求利益最大化的市场主体又总是在密切、广泛、复杂、细致的经济联系中进行竞争，产生不可避免的利益矛盾和冲突，而当事人自己以及市场本身并不具备划分市场主体产权边界和利益界限的机制，更不具备化解冲突的能力，这就需要政府充当仲裁人，设定体现和保障市场原则的"游戏规则"，一类是政策性的市场规则，即政府通过制定、实施各项政策来组织和调节市场；另一类是法律化的市场规则，即政府把各利益主体应该普遍遵循的市场行为准则以法律形式固定下来，并依据它来组织和调控市场，它具有公开性、权威性和统一性等特征。而且政府以政策或法律的形式明确界定和保护产权关系的不同利益主体的权利，保证市场交易的效率和公正性，维持正常的市场经济秩序。

(五) 通过市场获得资金支持

"合村并居"，农民集中居住区建设是一个系统工程，需要投入大量的资金。在我国广大的农村区域，大部分基层政府和农村居民双方都不能为"合村并居"所需的社区建设提供足够的资金支撑。首先，基层政府不能为"合村并居"所需的社区建设提供足够的资金。目前，绝大部分农村没有区位优势，国内（包括邻近城市）和国外的企业在这些区域投资建厂的可能性不大，导致这些地方的社会参与力量明显不足，土地升值潜力有限。地方政府、村级组织财政力量薄弱，致使聚居区住房建设、基础设施

---

① 张惠玲. 市场经济条件下政府经济管理职能定位与实现 [J]. 中国国际财经（中英文），2018（8）：270.

<<< 第六章 激活"合村并居"动力机制的政策建议

及公共服务设施配套建设问题难以解决,也使得集中居住区在后续建设中资金难以平衡,农村居民的社会保障和承包地无法落实,农村居民的利益无法得到保证,削弱了集中居住区对他们的吸引力。其次,由于在对农村居民宅基地拆迁补偿时,往往补偿较低,达不到他们的建房成本,同时,新建农村社区房价往往远远高于原住宅,农村居民要想入住就得投入新的资金,这对于广大的不太富裕的农村居民来说,他们不情愿也难以支付这笔资金。因此,就要实现"有效市场,有效政府"。有效政府,就是政府做自己该做的事情;有效市场,就是市场做自己可以做的事情。政府能够做市场也能做的,就要给市场;政府该做的就是市场做不了、做不好的。具体的办法是以社区为单位建立社区公共建设基金机构。地方财政出一部分钱,各大金融机构出一部分钱建立社区公共建设基金机构,然后发行利率比银行存款高、比国库券高的公共投资基金券,每个项目的钱怎么花,全部公开化,市场运作。比如,一笔钱以基金券的形式筹集出来,是为了建自来水一厂,建第二电厂,或者建其他公共服务设施,所有这些都是一笔项目,大家买后可以转让,也可以分红,还有固定利息。由于是市场化运作,能吸纳社会资金,所以效果不错。除了非常必要的项目,大规模环境的治理,政府应该投资的要投资,但凡是属于企事业单位性质的,如自来水厂、电厂等都可以用这种方式建,这样就可以减少建设成本。

关于拆迁或聚居楼房建设的资金难题可以通过以下途径解决:一是,可以考虑社保基金、使用土地出让收入等市场化资金,同时辅以一定的财政预算支持;在部分地区先行试点建立"拆迁专项资金",用于公益性拆迁项目的安置房建设、基础设施投入及其他拆迁项目的投入,循环滚动使用,解决拆迁过程中的资金难题。[①]二是,聚居楼房的建设通过市场化运作的形式操作。具体的做法是,在符合县市总体规划的前提下,由开发商开发建设。居民安置楼由开发商与居民签订拆迁补偿协议,既可以使用货币补偿,也可以使用实物补偿。楼房建设的标准、规模等也由开发商与居民

[①] 汪灏. 改革开放四十年地方性立法在中国城市房屋拆迁制度中的变迁与绩效分析——以成都市为例 [J]. 中国矿业大学学报(社会科学版),2018, 20 (6):46-56.

直接商定。开发商投资建楼后，补偿则是通过在置换出的土地上进行经营开发，房屋面向市场。这种运作方式应该在安置楼的建设中占有很大比重。乡镇以下建设安置楼，资金主要由镇政府承担，依据镇一级政府自身的实力而定，或是镇一级政府与开发商签订协议，交由开发商运作，通过企业实现居住区的建设。

（六）科学制定评议评估机制引导群众参与

群众满意与否是检验基层工作的唯一标准，也是我们透过"合村并居"项目所能体会的直观感受。乡镇政府要持续构建由群众、社会组织等多元力量共同参与的基层社会治理网格，更加全面、更加科学地评价政府工作。

一方面，要引入和完善"第三方评估"模式。政府绩效管理的相关理念是我国行政管理体系改革中借鉴西方国家行政体制的重要部分，在推行之初便成为我国各级政府行政管理体制改革的重点，其中，评估是绩效管理的关键环节之一，"第三方评估"是政府绩效管理的重要形式。县区政府在对乡镇级政府进行绩效考核时，要综合采取高校专家评估、专业公司评估、社会代表评估和民众参与评估相结合的综合"第三方"评估模式，更加客观全面的反映基层政府总体工作情况。通过加大政府工作的透明度，提升政务公开水平，解决评估主体与被评估对象（群众、第三方组织等与乡镇政府）间的信息不对称问题。通过科学评估"合村并居"项目，对项目可行性、适应性，所能带来的经济社会效益、群众利益以及可能带来的负面影响进行全面评价，对项目开展进行全流程监督并及时公开，让"合村并居"等民生工程真正为群众造福。政府要对评估主体的参与度进行评估，提高群众及社会组织参与政府绩效评估工作的积极性和有效性。

另一方面，要着力解决信息不对称现象。绩效评估的开展效果与信息的准确传递和梳理归纳直接相关，但鉴于政府本身所处角色定位和自身行为的特殊性，涉及政府绩效的相关信息在搜集筛选和分析处理过程中，不但要有一定的技术基础，同时，对于非政府性质的第三方而言，还要将这些承担公开任务的信息进行有效、及时的公开。只有在充分把握相关信息的前提下，非政府组织的第三方评估才能实质参与政府绩效评估的体系建设之中。要想实现这种信息的共享，就必须运用包括网上政务、新兴媒介或报纸等传统渠道等进行的政务公开。此外，评估结果能否作用于决策，成为政府部门决策的依据，关系着政府绩效评估的质量和成败。第三方机构、组织和个人本身具备中立、客观的优势，在评估中受到的外界影响较少，要保障第三方机构的评估信息尽可能地在各评估主体以及决策部门之间真实、高效地传输，这样才能真正发挥其作用，解决原本评估主体局限导致的信息壁垒和传递错误的问题。乡镇政府要结合自身实际，通过多种渠道，做到应公开尽公开，为公众参与的第三方评估工作提供便利，避免群众在"合村并居"项目中形成信息孤岛，增强群众对乡镇政府的信任。

二、合村农民要组织化，争取话语权

农民是"合村并居"过程中的"利益让渡者"，在该过程中，其合法权益应当得到保障。随着"合村并居"的不断推进以及十九大"乡村振兴"战略的提出，农民合法权益的保障不仅关系到其切身利益，更关系到国家、社会的建设和发展。实现农民在"合村并居"过程中的有效安置，并在该过程中实现农民的合法权益，切实提高农民的生活水平。为有效保障农民的应得利益，应以制度保障为基础，让农民充分参与、了解政策和决策，制定合理补偿标准和激励机制，同时构建完善的社保安置体系，使农民得到妥善安置。此外，加快推进农业现代化建设，转变农业发展方式，提高农业生产效益，才能保证"合村并居"过程中农民的权益。

农民话语权不仅是一个经济问题，也是一个政治问题。合村农民要想在"合村并居"中改变以往"集体失语"，是社会上声音最弱的群体，是最缺乏话语权利的群体的状况，就必须组织起来，成立各种协会或组织。行业协会是某一地区或某一行业的市场经济主体，为了表达自身的愿望与要求，维护共同的经济利益和社会利益而组成的以自主行为为准则的非营利性、自律性的经济类社会团体法人。

(一) 要发展壮大新型农民组织注意事项

第一,要明确新型农民组织的宗旨。宗旨是新型农民组织发展壮大的基石。新型农民组织应当是在组织的利益与组织成员利益高度一致的基础上,以提高农民文化技能,促进农村经济发展,实现农业现代化,增加农民收入,改善农民生活,维护农民的利益,保护农民的话语权为主要宗旨。在具体的功能定位上,新型农民组织要做好政治功能、经济功能、文化功能的发挥,尊重和保护组织成员表达话语的权利。同时应尊重农民的主观意愿,实行参与和退出自由的政策,真正服务于农民的真实需要,切实保护好农民的利益。政府的法律与政策的支持是农民组织发展的保障,因此,新型农民组织还要积极开拓与政府特别是基层政府的共同利益的合作局面,让政府认识到农民组织在稳定农村社会、促进农村治理、保护农民利益中的重要意义。

第二,可以整合已有的农民组织资源。因此,我们必须改造、利用好农村的各种组织资源,应最大限度地使用组织相对完善的组织资源、基础设施和人力资本优势,弥补新型组织的种种缺陷,实现两种组织的有效对接,用新型组织改造、融合传统组织,最终形成切实维护农民话语权的有效的组织体系。

第三,新型农民组织要有良好的保障农民话语权的机制。农民的话语权利能得到尊重与保护是农民组织最重要的使命,因此,建立良好的农民话语权保障机制至关重要。例如,可以以正式的规章制度形成组织的话语综合、输入、转换和输出机制,同时,建立由理事会、监事会以及其他职能部门组成的权责分明的治理结构,对农民话语权的机制进行有效的保护和监督。

第四,借鉴国际农民组织的先进经验。建立农民组织是世界各国基本的农业政策,尽管中国有自己的国情特点,但建立农民组织,维护农民利益是完全可以借鉴国际先进经验的。例如,新型农民组织应当尊重农民的意愿,尊重和保护农民在组织中的地位和各项权益;遵行自治与独立的原则的同时,加强与政府及其他组织之间的联系,建立互相信任与支持的关系；加强组织内部的民主管理，减少各种"搭便车"的现象。

(二)加强农民组织的运行机制

对于农民组织的运行机制来说，首先，农民组织要培育、引进管理人才，建立一支高效精干的农民组织的领导队伍。由于当前农民自身的局限性，需要培育、引进懂法律、懂政策而又了解农民意愿的农民组织带头人，充分发挥精英带动作用。其次，农民组织要建立健全良好的利益分配机制。农民与农民组织之间的利益关系决定着组织的稳定性和凝聚力，他们之间要形成利益表达、利益沟通以及利益共享关系，从而调动各方面的积极性，达到以组织的力量表达话语权利和维护农民利益的目的。再次，农民组织要建立和完善各种运行机制，建立科学的民主化、透明化、科学化决策管理机制，保证组织是农民利益的真诚代表，扮演好替农民表达话语权的角色，加强组织之间的各方面联系，整合组织的力量，激发广大成员的积极性和创造性，增强组织的力量。

1. 尊重农民主体性，保障农民充分行使"话语权"

及时、准确、全面公开各地"合村并居"方案并允许农民充分参与，不仅是保障农民的合法权利，也能提升农民配合政府政策实行的积极性。相关部门应当围绕"合村并居"项目的建设时间、建设地点、建设方式等内容，建立村民参与的规范化程序，通过组建"合村并居"农户的民主议事机构和项目监督机构，保障农民的知情权、参与权、表决权、监督权。在政策告知及农民需求表达阶段，通过农村广播、入户宣传等形式，使农户对"合村并居"的政策、拆迁方案、补偿标准以及新社区建设等方面有详尽了解，农民有权对已有的拆迁、安置方案提出意见或建议。同时，有关重要事项决策，以村民会议为载体，召集村民代表对新社区地址、建设方式和工期等内容进行表决，并对决策结果进行公示。在"合村并居"项目建设过程中，建立和完善监督程序，建立以村民代表为成员的监督机构，村民代表监督为主，全体村民监督为辅，对项目建设过程进行全面监督。项目竣工验收阶段，除进行第三方评估外，还应结合监督机构对该项目的监督意见以及受益农户的满意度调查结果，对"合村并居"项目进行全面评估，进而最大限度保障农户利益。

2. 制定合理的补偿激励机制，激发农民"合村并居"积极性

补偿标准是否合理关系到农民是否自愿主动配合政府"合村并居"政策，也与农民切身利益相关，制定合理的补偿标准成为"合村并居"中应重点关注的问题。应当完善现有的法律法规和制度规定，统筹城乡之间的拆迁和房屋置换体系，参照城市拆合的赔偿标准制定合理的农村房屋补偿机制，将宅基地、房屋、地上附属物、院子等均纳入拆迁补偿范围。制定补偿标准时，全面考虑农民对住房、就业、医疗、养老等方面的诉求，使得法律法规和制度规定能最大限度保障农民的应得利益。

宅基地和集体建设用地使用权是农民及其集体的重要财产权利，关系到每个农户的切身利益。2018年中央一号文件提出农村宅基地"三权分置"改革，要以"三权分置"改革为契机，通过宅基地和集体建设用地确权登记发证，依法确认农民的宅基地和集体建设用地使用权等财产性权利，可以有效解决农村"合村并居"过程中的土地权属纠纷，化解矛盾。同时，允许宅基地使用权的自愿有偿退出，农民可以将宅基地在一定期限内退回集体经济组织，村集体向房屋受让人出让集体建设用地使用权，其间获得的收益分配由村集体和退出宅基地的农民自行协商确定。对于主动退出宅基地的农民，村集体可以给予一定的奖励，从而激励农民主动退回宅基地使用权。通过这一措施，不仅农民可以获得额外的收益，村集体经济收益的增加也可以为基层服务设施建设提供资金保障。

3. 健全完善农民社保安置体系，保障农民基本生活

做好农民"合村并居"过程中的安置工作，制度保障是第一位，以制度为基础，建立健全覆盖农民社会保障各方面的法律体系。在法律法规制定方面，充分听取各方尤其是农民意见，考虑好农民诉求，同时，农民上楼后，其生活方式与城镇居民无异，但社会保障水平与城镇居民仍存在差距。因此，提高农民的社保标准，从医疗、养老、就业、生活等多方面对农民进行全方位保障，使其社保水平能够适应经济社会发展，保障其基本

生活。提高农民社保标准，构建全面覆盖农民生活的社保体系，资金是最重要的一环。现阶段，农村社保的缴纳采取个人缴费、集体补助和政府补贴相结合的模式，融合了三个筹资渠道，地方政府是"合村并居"工程的主导，应当在制定关于拆迁安置项目的财政预算时，专项支付被征地农民的社保资金；在政府专项资金补贴的基础上，村集体应将部分集体资产投入农村社会保障资金筹集中，以减轻农民的社保压力；农民作为农村社保的直接受益者，可从安置补偿款中负担一定比例的社保资金，三方协调才能更好地拓宽农民的社会保障渠道。

社保制度的运行中监督和问责机制的不健全是导致农民权益受损害的重要原因，应当从法律层面给予现有监督管理制度以强制力的保障，明确监管机构的监管职责和问责范围。同时，发挥有关部门的监督作用，对社保制度和政策的落实情况进行严格监督，重点听取和收集农民的意见和建议，在此基础上不断完善相关法律法规和制度规定，保证社保制度顺利运行。

4. 转变农业发展方式，多途径保障农民权益

以就业促保障，完善现有就业服务理念和管理体制，实现城乡一体化就业，逐渐完善城乡劳动市场的准入规则，加强针对农民的就业服务指导，在就业信息、就业政策宣传和市场职位介绍等方面实现公平对待。

同时，加大农村劳动力就业创业培训力度，鼓励农民自主创业，从制度层面保障农民公平的就业机会，实现农民的非农化转型。同时，以农村城镇化推进为契机，以农村合作社为载体，集中现有土地，保障农业生产用地，在政府政策指导下进行规模化、集约化农业生产，提高生产效率，增加农业生产收益。以农村合作社为桥梁，通过农业产业化形成"公司+合作社""公司+合作社+农户""公司+基地+农户"的对接模式，减少农民的生产成本，实现生产到消费的直接对接；利用信息通信技术以及互联网平台，让互联网与传统农业进行有效对接，通过线上农产品宣传、销售，多途径拓宽农产品生产、销售及消费途径；完善农业产业化服务培训体系，实现农户与现代农业发展的有机衔接，最大限度地保护"合村并

居"后农民的合法权益。

第四节　提升合村老年居民的空间适应性

一、推动空间再生产

在推行"合村并居"政策时，社区空间的建设，不应当只着眼于物理空间的建设，更应当促进空间的均衡发展。物理空间的建设，应考虑到农村老年人的实际需求，打造老年友好型社区，优化居住环境。除安装电梯、扶手等便于老年人出行的基础设施，增加人地互动频率，还应当尊重农村老年人的生产生活习惯，关照老年人的乡土情结。社区应凝聚社区共识，构建社区意义空间，提高老年人对社区的认同感和归属感，帮助老年人熟悉和适应社区。同时搭建社会关系平台，为农村老年人连接社会关系网络，从而形成互助的共同体社区。在社区内弘扬孝文化[1]，以孝文化凝聚老年人的家庭关系，维系家庭的保障功能；促进邻里间沟通互动，增进交流，建立邻里间的社会关系；增强老年人的社区公共事务的参与意识，盘活社区资源，提高老年人的社区参与水平。

二、注重内驱力空间再造

社区是由自然村落组成，在千年的自然演化发展中，形成了独特的乡村情怀和行为规范，承载了村民的情感和眷恋，具有天然的优势和基础。因此我们在日后的发展中，要注重发掘村庄的符号和记忆，凝聚社区情感，唤醒社区的内驱力。社区居民是社区最重要的组织力量，应当充分地发挥老年人的优势，将老年人动员、吸引至社区建设当中，提高老年人对

---

[1] 席逍尧，韩秀兰. 新时代孝道的演变与现代传承[J]. 现代交际，2022（01）：73-79，123.

社区公共事务的参与度，在培育社区老年领袖的同时，营造社区的内生力量，打造和谐美丽社区。

三、提高个体适应能力

老年人身体机能较差，个体的适应能力较差，因此我们要着实提高个体适应能力，帮助社区老年人适应社区生活。通过举办社区活动，教授现代化生活技能和生活方式，更新老年人的知识结构，推动地域现代化与人的现代化相统一。我们要发挥社区、社工的作用，以个案、小组、社区的工作手法为老年人赋能，培育社区社会组织，提高老年人的身体机能，拓宽老年人的知识面，帮助老年人对自我的人生阶段和自我人生价值形成积极正向的认识，促进老年人的自我完善、自我发展。

第五节 传承乡土文脉的举措

作为乡村振兴的重要举措，"合村并居"无疑是一件好事。"合村并居"主要是将一些人口偏少、位置偏远的小村子甚至"空心村"进行整合，将这些村落的人们迁往大村子或城镇并居，从而整合资源，节约土地，提升人居环境和公共服务水平。可"合村并居"后，对一些居民特别是农村老年居民而言，人住进了现代化的楼房，心却在牵挂老家的祠堂、老家的邻居、老家的人情世故。这说明，"合村并居"不是简单的"拆旧房、建新居"的物理合移，它还包含"人心搬迁""文脉传承"等软性内容。具体传承举措如下：

一、编村史志或建村史馆

"合村并居"中拆老房、建新居容易，难的是对人心的"搬迁"。"搬迁"人心、安抚人心最好的工具非文化莫属。早在2013年，城镇化工作会议上，习近平提出要让城市融入大自然，不要花大气力去劈山填海，很多山城、水城很有特色，完全可以依托现有山水脉络等独特风光，让居民望得见山、看得见水、记得住乡愁。农村"合村并居"中要重视和加强保护地域历史文化资源。比如，对于那些因合并而消失的村子，可以帮其编写村史、村志，有条件的可以建村史馆，这不仅给那些外迁的人留下了念想，帮助他们尽快完成"人心的迁移"，也是一种传承地方文脉的重要方式，这对后世子孙而言，将是一笔十分珍贵的财富。

二、传承当地的戏曲、山歌等非物质文化遗产

在我国南方一些山村，很多村子都有自己独具特色的山歌；在北方一些村子，很多村子都有自己的庄户剧团。此外，民间社火等也在很多农村广泛流行。事实上，有关统计显示，全国范围内非物质文化遗产大约有80%来自乡村。很多非遗不仅是农村人的娱乐形式，从某种意义上讲，也是他们的一种精神寄托。"合村并居"过程中，保护好、传承好农村的非物质文化遗产，既传承了中华优秀传统文化，又可以利用这些非遗使安土重迁的人们在新环境中得到精神的抚慰，为人们共享幸福生活创造条件。[①]

三、建筑风格要避免同质化

诺伯格·舒尔茨在《场所精神：迈向建筑现象学》中定义，场所是由自然环境和人造环境结合的有意义的整体。人们对场所的认同感与方向感构成了场所精神。乡土情感与精神能够带给人们美好生活的希望，增加人们的获得感与幸福感，即人们在新旧时空对比中的充实感、故土寻根中的归属感、奋进未来中的方向感，让那些在路上飘零的人们重拾初心，向心安处抵达。因此，作为当代乡村建设的一部分，"合村并居"过程中，更应该重视村民精神家园的构筑，并警惕城市化的思维与套路。

不幸的是，"合村并居"过程中，不少地方将经济价值和商业考量置

[①] 李嘉琪，韩秀兰.中华和合文化的现代转化［J］.现代交际，2022（07）：113-119，130.

于首要地位,更多关注"合村并居"中经济价值和"颜值"(景观价值)的开发,而忽略了文化价值的保留。有的地方按照城市商业住宅的统一标准给村民设计房子,楼越盖越高,可原来各具特色的村落格局全都消失了。还有一些,生硬照搬外国风格改造农村的院子,结果使得乡村建筑中出现"欧洲补丁""美国碎片"等不伦不类、不中不西、不土不洋的奇葩景观。乡村景观城市化与建筑西洋化,不仅割断了乡土原生文化传承,也污染了乡土文化精神。丢弃乡土文化特色,一味地进行克隆复制,很难将新社区建成让群众拥有独特记忆的精神家园,也很难让搬入其中的村民拥有踏实的幸福感。

四、用互联网承载乡土文脉的传播

文化的传播渠道包括语言传播、文字传播和视觉传播等,传统意义上的乡土文化传播主要依赖口耳相传的人际传播和组织传播方式,具有很大的时空局限性。因此,拓展乡土文化的发展空间,以互联网承载乡土文化的传播形式,就成为推动乡土文化传承与创新发展的必要手段。乡土文化的传播除了要借助传统公共平台,如乡镇图书馆、博物馆、艺术馆和展览馆等文化服务机构的牵引力,还可以与时代接轨,组织开展以乡土文化为主题的文化高峰论坛、乡土文化节、乡土电影节等系列文化活动,或者创新性地拍摄观众喜闻乐见的电视剧、轻喜剧、真人秀等节目。以当地乡土文化为背景,以乡村生产生活实践为主要内容,以农民内源性视角为传播方式,呼吁广大民众切身参与,形成以点带线,以线带面的乡土文化大众化、生活化推广布局。同时,要充分利用"互联网+"的时代优势,发挥网络自媒体的渲染效果和影响力度。新媒体的强势来袭给我们带来了文化创新发展的思路,以互联网技术、数字技术与移动终端的搭建为载体,开发形式多元、涉猎广阔的新媒体平台,完善全方位市场化的传播运营,从生态形象、经济形象、文化形象和村民形象四个方面整体化地宣传乡土文化,增加乡村的曝光率。比如:日常生活中我们可以借助微信公众号、新浪微博、今日头条等客户端或公共网络直播平台,获取最新新闻资讯、掌握科技农业信息、了解国家大事、学习前沿科学理论，与世界各地的网民实时互动，还可以通过"3D漫游"功能，用虚拟现实技术直观感受乡村美好生活图景等。

推动乡土文化现代化转化，不论是借助平面化的节目、宣传册、明信片，还是通过立体化的舞台、虚拟化的网络时空，乡土文化都要始终保持与时俱进的发展姿态。在坚守文化品位、保持文化真、善、美的精神内涵的基础上，适时运用先进的网络传播渠道，传递丰富多元的乡土人文价值，使"乡风文明"的美好种子散播到社会的各个角落，激发人们形成道德情感。①

"合村并居"后的新社区，必须考虑居住者的感受，这叫以人为本，贵州黔西南州扶贫移民搬迁就特别注重这一点。比如，该州晴隆县的阿妹戚托小镇，有着一栋栋依山而建的彝族风情浓郁的小楼，这些充分尊重彝族文化习俗的建筑，既让搬迁乡民在新家找到了乡愁，也用建筑艺术传承了当地的乡土文脉。"合村并居"也是移民搬迁，同样需要在新家园建设方面照顾搬迁村民的文化心理和文化习俗。总之，以"合村并居"为代表的乡村建设不仅要兼顾生态宜居，也要注重文脉赓续，还要有人文情感的投入，这样才能让合村居民有切实的获得感与幸福感。

小　结

本章是对"合村并居"中的乱象，从乱象产生的动因、时机以及何种方式推进才能顺应农民意愿等层面，提出的针对性的政策建议。

第一，针对合村农民在土地增值收益中权益受损的问题，提出切实开展确权登记，赋予农民分享土地增值收益的法律凭证以及严格控制征地范围，规范发展农地转用市场等建议。学习国内外先进的管理模式。

---

① 褚晶，韩秀兰. 中华优秀传统文化中公民道德建设研究［J］. 文教资料，2013（01）：57-61.

第二，提升"合村并居"的综合驱动力，从内生动力子系统来看，要解放合村居民以及地方政府的思想，培养他们的现代化思想，诸如法治思想、公民意识、契约文化等。从外生动力子系统来看，明确基层政府的职责和优化目标考核机制，制定适合社区发展的主导产业项目以及引导合村农民的积极参与。

第三，实行以市场为主导的推进方式，构建服务型政府，建设市场软硬环境、提供信息服务，维持有效的市场竞争秩序，通过市场获得资金支持，等等。

第四，为了解决合村并居居民特别是老年居民的空间适应性，包括推动空间再生产，注重内驱动力空间再造，提高老年居民的个体适应能力，等等。

第五，"合村并居"后，还要对乡土文脉进行传承，比如编村史志或建村史馆；传承或继承当地的戏曲、山歌等非物质文化遗产；建筑风格要避免同质化；用互联网承载乡土文脉的传播，等等。

参考文献

[1] 邓小平. 邓小平文选：第二卷 [M]. 北京：人民出版社, 1994.

[2] 邓小平. 邓小平文选：第三卷 [M]. 北京：人民出版社, 1994.

[3] 胡锦涛. 胡锦涛文选：第三卷 [M]. 北京：人民出版社, 2016.

[4] 习近平. 习近平谈治国理政：第三卷 [M]. 北京：外文出版社, 2020.

[5] 《中共中央国务院关于实施乡村振兴战略的意见》编写组. 中共中央国务院关于实施乡村振兴战略的意见 [M]. 北京：人民出版社, 2018.

[6] 中共中央马克思恩格斯列宁斯大林著作编译局. 马克思恩格斯全集：第2卷 [M]. 北京：人民出版社, 1995.

[7] 中共中央马克思恩格斯列宁斯大林著作编译局. 马克思恩格斯全集：第4卷 [M]. 北京：人民出版社, 1995.

[8] 曹磊. 互联网+：产业风口 [M]. 北京：机械工业出版社, 2016.

[9] 中共中央马克思恩格斯列宁斯大林著作编译局. 马克思恩格斯全集：第25卷 [M]. 北京：人民出版社, 1995.

[10] 列斐伏尔. 空间与政治 [M]. 李春, 译. 上海：上海人民出版社, 2008.

[11] 中共中央马克思恩格斯列宁斯大林著作编译局. 马克思恩格斯全集：第26卷 [M]. 北京：人民出版社, 1995.

[12] 毛泽东. 毛泽东文集：第一卷 [M]. 北京：人民出版社, 1993.

[13] 毛泽东. 毛泽东文集：第二卷 [M]. 北京：人民出版社, 1993.

[14] 毛泽东. 毛泽东文集: 第三卷 [M]. 北京: 人民出版社, 1993.

[15] 毛泽东. 毛泽东文集: 第四卷 [M]. 北京: 人民出版社, 1993.

[16] 邓小平. 邓小平文选: 第一卷 [M]. 北京: 人民出版社, 1994.

[17] 张协奎, 乔冠宇, 徐筱越, 等. 国内外智慧城市群研究与建设评述 [J]. 工业技术经济, 2016, 35 (8).

[18] 李新社. 智慧乡村建设绝非智慧城市的简单延伸 [J]. 智慧中国, 2016 (5).

[19] 贺雪峰, 董磊明. 中国乡村治理: 结构与类型 [J]. 经济社会体制比较, 2005 (3).

[20] 黄之珏. 发展"互联网+农业"推动智慧农业、智慧农村建设 [J]. 经济论坛, 2016 (1).

[21] 肖唐镖. 近十年我国乡村治理的观察与反思 [J]. 华中师范大学学报 (人文社会科学版), 2014, 53 (6).

[22] 严小龙. 社会主义新农村建设的发展进程和历史经验 [J]. 马克思主义研究, 2010 (3).

[2] 何贤良. 浅谈新农村建设中新型农民的培养 [J]. 中国校外教育, 2012 (5).

[24] 李先军. 智慧农村: 新时期中国农村发展的重要战略选择 [J]. 经济问题探索, 2017 (6).

[25] 陈柳钦. 智慧城市: 全球城市发展新热点 [J]. 青岛科技大学学报 (社会科学版), 2011, 27 (1).

[26] 张军. 发展现代农业要处理好六大关系 [J]. 学习与探索, 2014 (9).

[27] 吕淑丽, 薛华, 王堃. 智慧城市建设的研究综述与展望 [J]. 当代经济管理, 2017, 39 (4).

[28] 徐长安. 建设智慧农村 [J]. 中国建设信息, 2014 (15).

[29] 周丕娟. 农业可持续发展视角下的技术创新研究 [J]. 经济问题探索, 2011 (3).

[30] 陈丽丽. "互联网+"在智慧农村建设中的应用探析 [J]. 科技视界, 2017 (12).

[31] 杨蜜, 赵小冬. 重庆市智慧农村发展研究 [J]. 农村经济与科技, 2018, 29 (23).

[32] 莫玉林, 钱晓军. 胥口镇"智慧农村"建设之路 [J]. 江苏农村经济, 2014 (5).

[33] 让金鹏. 网络工程视域下智慧农村建设的困境与策略探析 [J]. 山西农经, 2018 (14).

[34] 陈家刚. 基层治理:转型发展的逻辑与路径 [J]. 学习与探索, 2015 (2).

[35] 刘霞. "互联网+"时代创新基层党建工作的对策探究 [J]. 智库时代, 2018 (32).

[36] 高国伟, 郭琪. 大数据环境下"智慧农村"治理机制研究 [J]. 电子政务, 2018 (12).

[37] 许伟, 罗玮. 空间社会学:理解与超越 [J]. 学术探索, 2014 (2).

[38] 林聚任, 向维. 涂尔干的社会空间观及其影响 [J]. 西北师大学报 (社会科学版), 2018, 55 (2).

[39] 王彪. 空间社会学:当代社会解释的新路径 [J]. 社会工作 (学术版), 2011 (6).

[40] 王永钦, 丁菊红. 身份认同与中国社会经济转型 [J]. 学习与探索, 2007 (2).

[41] 刘少杰. 网络化时代的社会空间分化与冲突 [J]. 社会学评论, 2013, 1 (1).

[42] 潘泽泉. 社会空间的极化与隔离:一项有关城市空间消费的社会学分析 [J]. 社会科学, 2005 (1).

[43] 江立华, 谷玉良. 居住空间类型与农民工的城市融合途径——基于空间视角的探讨 [J]. 社会科学研究, 2013 (6).

［44］陈绍军，任毅，卢义桦．空间产权：水库移民外迁社区公共空间资源的"公"与"私"［J］．学习与实践，2018（7）．

［45］董苾茜．扶贫移民的社会适应困境及其化解——基于社会记忆理论视角［J］．湖南农业大学学报（社会科学版），2018，19（2）．

［46］徐君．割舍与依恋——西藏及其他藏区扶贫移民村考察［J］．西藏大学学报（社会科学版），2011，26（4）．

［47］江立华，王寓凡．空间变动与"老漂族"的社会适应［J］．中国特色社会主义研究，2016（5）．

［48］董淼，王玉卓，李然．南阳市红泥湾镇彦章村智慧农村建设［J］．农村经济与科技，2019，30（13）．

［49］高岳峰．马克思主义农村发展理论与社会主义新农村建设［D］．武汉：武汉大学，2017.

［50］陶然．21世纪初"新农村建设"的规划策略与方法研究［D］．成都：西南交通大学，2012.

附　录

附录一　"合村并居"社区居民满意度综合评价体系调查表——山东省济宁市市中区邵庄寺社区

（一）邵庄寺社区的基本情况

邵庄寺社区是济宁市市中区最大的"合村并居"社区建设示范点。该社区位于喻屯镇的最南部、济鱼路两侧，2010年7月由邵庄寺、夏王楼2个行政村包括邵庄寺、前刘、魏集、前兴隆、后兴隆、南周、李楼、贺李、牛庄、夏庄楼和花马刘11个自然村拆迁合并建设而成。并居后的新社区，规划占地426亩，规划建筑面积28万平方米，其中住宅面积15万平方米，生产服务用房2万平方米，商业用房3万平方米，社区服务中心、文体活动中心2400平方米，设置9班幼儿园，12班省级标准化小学。社区规划总户数2100户，规划绿地面积12万平方米，绿地率为37.2%，总投资近2亿元。

在邵庄寺社区调查的问题如下：

请在您认为正确的选项后面画√，每个题目只能选择一个答案。

1. 您的性别是

　A．女（　）　B．男（　）

2. 您的年龄是

　A．18-29岁（　）B．30-39岁（　）

　C．40-49岁（　）D．60-70岁（　）

3. 您的职业是

A. 行政或事业单位（ ）B. 在校学生（ ）C. 个体经营户（ ）

D．企业职工（ ）E. 农民（ ）G. 自由职业者（ ）

4. 您的收入是

A. 5000 元以上（ ）B. 3000-5000 元（ ）C. 2000-2999 元（ ）

D. 1000-1999 元（ ）E. 1000 元以下

5. 您对从事工作的满意度

A. 很满意（ ）B. 比较满意（ ）C. 一般满意（ ）

D. 不满意（ ）E. 很不满意（ ）

6. 您对年收入增长的满意度

A. 很满意（ ）B. 比较满意（ ）C. 一般满意（ ）

D. 不满意（ ）E. 很不满意（ ）

7 您对村庄搬迁的满意度

A. 很满意（ ）B. 比较满意（ ）C. 一般满意（ ）

D. 不满意（ ）E. 很不满意（ ）

8. 您对住房条件改善的满意度

A. 很满意（ ）B. 比较满意（ ）C. 一般满意（ ）

D. 不满意（ ）E. 很不满意（ ）

9. 您对医疗状况的满意度

A. 很满意（ ）B. 比较满意（ ）C. 一般满意（ ）

D. 不满意（ ）E. 很不满意（ ）

10. 您对福利状况的满意度

A. 很满意（ ）B. 比较满意（ ）C. 一般满意（ ）

D. 不满意（ ）E. 很不满意（ ）

11. 您对养老状况的满意度

A. 很满意（ ）B. 比较满意（ ）C. 一般满意（ ）

D. 不满意（ ）E. 很不满意（ ）

12. 您对教育状况的满意度

A. 很满意（ ）B. 比较满意（ ）C. 一般满意（ ）

D. 不满意（　）E. 很不满意（　）

13. 您对治安状况的满意度

A. 很满意（　）B. 比较满意（　）C. 一般满意（　）

D. 不满意（　）E. 很不满意（　）

14. 您对现在人际关系的满意度

A. 很满意（　）B. 比较满意（　）C. 一般满意（　）

D. 不满意（　）E. 很不满意（　）

15. 您对周围环境及绿化率的满意度

A. 很满意（　）B. 比较满意（　）C. 一般满意（　）

D. 不满意（　）E. 很不满意（　）

16．您对社区干部管理工作的满意度

A. 很满意（　）B. 比较满意（　）C. 一般满意（　）

D. 不满意（　）E. 很不满意（　）

17. 您对社区干部廉政工作的满意度

A. 很满意（　）B. 比较满意（　）C. 一般满意（　）

D. 不满意（　）E. 很不满意（　）

18. 您对社区居民富裕的满意度

A. 很满意（　）B. 比较满意（　）C. 一般满意（　）

D. 不满意（　）E. 很不满意（　）

19. 您对社区居民间收入差距的满意度

A. 很满意（　）B. 比较满意（　）C. 一般满意（　）

D. 不满意（　）E. 很不满意（　）

（二）通过对邵庄寺社区居民满意度综合评价体系调查，我们可以得出以下几点体会：

第一，靠地方政府行政干预、强行拆迁的做法是违背农村居民意愿的。"合村并居"的主旋律应是合村居民自下而上地在地方政府相关政策的指导下，由市场主导来推进。

第二，"合村并居"的推进是一种合力的作用，取决于内生动力系统和外生动力系统形成的综合驱动力的大小。但目前,有些基层政府在"合村并居"中依靠强大的行政力量,进行大拆大建,使该行动违背了农民的意愿。因此,基层政府在这个过程中应该明确自己的职能定位,扮演"引导者"的角色,而不是依靠国家行政力量强制推行。

第三,工业化和城市化对农村地区的反哺能力决定了"合村并居"政策能否顺利推行。只有工业化和城市化发展到一定程度才能引起我国乡村社会整个生存方式和生活方式的变革,才能结束田园牧歌式的乡村时代,才能引起生产的集中或聚集,引起人口、消费、财富和政治的集中,才能为即将形成的农村社区奠定强有力的基础,并使资源在该区域聚集并产生巨大的外部效应。因此,各地政府在准备实施"合村并居"政策之前,要检视当地的工业化和城市化水平是否达到了标准;对于那些欠发达的农村地区,最主要的就是解放思想,融入市场经济的大潮,发展当地经济,提高工业化和城市化水平。

第四,来源于传统文化和民间力量的文化动力,能够冲破资源障碍甚至思想禁锢去推动事物发展,其推动力的大小实质上主要体现在对经济活动的支持度和贡献度的大小。因此,学界、政府以及农民在"合村并居"中应该重视文化动力的重要作用。

附录二 "合村并居"中宅基地置换房补贴标准探讨

（一）基本情况

"合村并居"中宅基地置换房补贴费用，因各地经济发展水平不同，差别较大。为了便于研究，我们于2022年9—10月到山东省济宁市进行调查。笔者选取了位于济宁市市中区喻屯镇的最南部、济鱼路两侧的邵庄寺社区，该社区包括邵庄寺、前刘、魏集、前兴隆、后兴隆、南周、李楼、贺李、牛庄、夏庄楼和花马刘11个自然村。该社区现在仍以农业为主导产业。本书作者还选取了泗水县泗张镇的万紫园社区，该镇是山东省有名的生态镇，当地居民依托旅游业发展当地经济。该社区包括青界村、刘家岭村、大瓜沟村三个自然村。另外，本书作者还选取了汶上县义桥镇的金桥新城社区，该社区由房柳村等四个村组成，居民主要以农业为生。济宁市采用当地政府给农民一定补贴，让农民用旧房换楼房的方式，置换农民宅基地使用权。新建楼房单位面积从80平方米到150平方米不等；各个乡镇政府给宅基地置换楼房的合村居民每平方米80到300元的补贴，各个乡镇的楼房售价也从每平方米900到1200元不等。

（二）问卷设计

本研究就"合村并居"中宅基地置换房补贴标准问题在该市随机调查了3个乡镇，调查问卷的对象有合村居民、乡村干部以及乡镇政府干部。设计的问卷包括：一是农村居民对其宅基地置换房补贴费用额度的期望，共计200份；二是乡镇政府干部给出的合村居民宅基地置换房补贴费用的额度，共计60份；三是乡村干部给出的农村居民宅基地置换房补贴费用的额度，共计100份。其中收回有效问卷分别是150份、50份和80份。现就这些资料进行分析。

1. 喻屯镇、泗张镇、义桥镇乡镇政府每平方米给农民的补贴费用状况

在调查的喻屯镇、泗张镇、义桥镇的3个乡镇中，每平方米给农民宅基地置换房补贴费用相差很大，最高的是最低的1.8倍，这种差别主要是因为各个乡镇的经济发展状况不同，经济条件好的乡镇相对来说给农民的

补贴较多。譬如，被誉为旅游生态镇的泗张镇，当地居民依托旅游业发展经济，生活较为富裕。当地政府每平方米给农民宅基地置换房补贴费用相对来说多一点，但楼房价格也相对高一点。

2. 合村居民对宅基地置换房补贴费用的满意程度

在被调查的150名合村居民中，当被问及对自己"补贴"的满意程度时，仅有6人表示满意，占4%；比较满意的有12人，占8%；不满意的有102人，占68%；这同周京奎等对天津华明镇4个试点村进行调查，发现约60%的合村居民对宅基地换房各项政策总体上不满意，具有一致性。很不满意的有30人，占20%。满意和比较满意的只占12%，不满意和很不满意的高达88%。（见表1）由此可以看出，大多数合村居民对其宅基地置换房"补贴"不满意，对"补贴"的不满意，使一些村民上访，甚至有些村民以自杀等方式来表示对"补贴"的不接受，严重影响干群关系，对社会的稳定极为不利。

表1　合村并居村民满意度人数比例

满意度	满意	比较满意	不满意	很不满意	合计
人数	6	12	102	30	150
比例（%）	4	8	68	20	100

3. 基层政府和村干部对宅基地置换房补贴费用的评价

表2　基层政府和村干部对村民宅基地置换房补贴费用评价

程度	乡镇政府对宅基地置换房补贴费用评价						村干部对宅基地置换房补贴费用评价					
	高	较高	一般	低	不清楚	合计	高	较高	一般	低	不清楚	合计
人数	3	5	18	20	4	50	1	13	32	33	1	80
比例（%）	6	10	36	40	8	100	1.25	16.25	40	41.25	1.25	100

从表2可以看出，乡镇政府和村干部对村民宅基地置换房补贴费用评

价是有区别的,由于村干部本身是农民,宅基地置换房补贴费用与他们的利益紧密相连,因此他们的参与热情更高。在有效问卷调查中,80名乡村干部中,仅有1人对补贴费用评价表示不清楚,而乡镇政府工作人员50人中有4人表示不清楚。同时,乡镇政府和村干部对村民宅基地置换房补贴费用评价也有共同点,即都有约40%的人认为该补偿低。杨魏欣用定性方法,通过对"宅基地换房"问题的分析,同样认为,由于宅基地换房后农民生产生活成本增加了,所以宅基地补偿标准偏低。通过对合村居民和乡镇政府干部及村干部的调查,双方均认为,合村居民的宅基地置换房补贴费用水平偏低。

4. 合村居民对补偿费用的期望

(1) 合村居民的期望

表3 合村居民对补偿费用的期望

补偿费用(元)	200以下	200-300	300-400	400-500	500-600	600-700	700-800	800-900	900-1000	1000以上	合计
人数	1	4	15	20	26	31	25	16	9	3	150
比例(%)	0.7%	2.7%	10%	13.3%	17.3%	20.7%	16.7%	10.6%	6%	2%	100

在现有农村经济发展条件下,多高的房屋拆合补偿费用农民才能满意呢?在该调查中,只有1人认为每平方米补贴200元即可,占被调查人数的0.7%;4人认为应为200-300元,占26%;15人认为300-400元,占10%;20人认为是400-500元,占13.3%;26人认为是500-600元,占17.3%;31人认为应为600-700元,占20.7%;25人认为应为700-800元,占16.7%;16人认为应为800-900元,占2.7%;9人认为应为900-1000元,占6%;3人认为应为1000元以上,占2%。(见表3)

(2) 平均期望值

将每档补贴费用的人数百分比作为权重,可以计算出合村居民对每平方米补贴的平均期望值。用 E、E₁、E₂ 分别表示平均期望值、下限平均期望值和上限平均期望值；i 表示第 i 档；B_i 表示第 i 档补贴上限，B_m 表示第 i 档补贴下限，P_i 表示第 i 档补贴人数百分比。第一组的上限值按 200 元计算，最后一组的上限值按 1000 元计算。n 为分组数。

首先，按每档补贴费用的上限计算，可计算出上限平均期望值 E₁ = 674.3 元。

$$E_1 = \sum_{i=1}^{n} B_i P_i = 200 \times 0.7\% + 300 \times 2.6\% + 400 \times 10\% + 500 \times 13.3\% + 600 \times 17.3\% + 700 \times 20.7\% + 800 \times 16.7\% + 900 \times 10.7\% + 1000 \times 6\% + 1000 \times 2\% = 674.3(元)$$

其次，按每档补贴费用的下限计算，可计算出下限平均期期望值 E2 = 577 元。

$$E_2 = \sum_{m=1, i=1}^{n} B_m P_i = 200 \times 0.7\% + 200 \times 2.6\% + 300 \times 10\% + 400 \times 13.3\% + 500 \times 17.3\% + 600 \times 20.7\% + 700 \times 16.7\% + 800 \times 10.7\% + 900 \times 6\% + 1000 \times 2\% = 577(元)$$

第三，合村居民对补偿费用的平均期望值 E =（E₁+E₂）/2 = 625.65（元）

（3）合村居民期望值与当地政府推行楼房价格的比照

村民平均期望值为 625.65 元，2010-2011 年诸城市以上 8 个乡镇"合村并居"集中居住小区楼市价格平均为 1050 元/平方米。由此可知，村民对宅基地拆迁每平方米补助的平均期望值是当地政府出售的楼市价格的 0.595 倍。

2010-2011 年山东省莱芜、临沂、淄博、德州、潍坊等地的"合村并居"集中居住小区楼市价格平均为 980 元，由此可知，村民对宅基地拆合每平方米补助的平均期望值是山东省"合村并居"集中居住小区试点平均楼市价格的 0.64 倍。

(三) 乡镇政府和村干部对补偿费用的定位标准和合村居民的态度

1. 乡镇政府和村干部对补偿费用的定位标准

如果合村居民宅基地换房的补贴过低，则会引发他们对"合村并居"行动的漠视或反对，势必影响合村并居的顺利推行；如果补偿过高，则乡镇政府在基础建设和公共服务领域的投资会大大缩水，同样不利于合村并居的推进。那么乡镇政府和村干部认为每平方米给农民补偿多少才算比较合适呢？

在被调查的130名乡镇政府和村干部中，有15人认为每平方米给农民补贴200元为宜，占11.5%；69人认为应为300元，占53.08%；23人认为应为400元，占17.69%；12人认为应为500元，占9.23%；6人认为应为600元，占4.62%；5人认为应为700元，占3.84%；在调查表中虽然设置了800元以上的标准，但无人选择，即没有人认为每平方米给农民补偿的费用达到800元。

把人数百分比作为权重，可计算出乡镇政府和村干部对每平方米给农民补偿的定位标准的加权平均数。同样，E表示补贴加权平均数；B表示第i档补贴费用水平；P表示第i档赞成人数。$E = B_i \times P_i$。

通过计算，E=353元，即乡镇政府和村干部对每平方米给农民补偿的定位标准的加权平均数为353元。也就是说，乡镇政府和村干部认为每平方米给农民补贴353元比较合适。

2. 合村居民对乡镇政府和村干部定位标准的态度

把乡镇政府和村干部对宅基地置换房补贴费用定位标准，反馈给150名合村农民，征询他们对"标准"补贴的意见。有106人表示不满意，认为"标准"太低，占调查人数的70.6%；36人表示满意，占调查人数的24.1%；8人认为无所谓，表示自己想住进集中居住区，主要随着经济生活水平的提高，想改善居民环境，想有一个人居适宜的生存环境，占调查人数的5.3%。这一调查结果表明，乡镇政府和村干部给予合村居民的"补贴"标准过低，因而大多数合村居民不满意。所以，不能把这一标准作为村民房屋拆迁的"补贴"标准。

（四）宅基地置换补偿标准的合理定位

宅基地置换补偿标准既不能按村民的期望确定，也不能按乡镇政府和村干部的意愿来确定。因为如果按合村居民的期望确定，乡镇政府和村干部会认为过高且会影响基础建设和公共设施的投入，使其背上无为的名声因此他们不会满意；如果按乡镇政府和村干部的意愿确定，村民会认为过低而不满意。所以，应按双方均能接受的标准来确定每平方米给农民补偿的费用的"补贴"水平。

1. 宅基地置换补偿标准的确定

合村居民的补贴期望值为625元，乡镇政府和村干部给村民的补偿定位为353元。因此，合村居民的宅基地置换补偿水平应在353-625元之间。我们在353-625元之间制定了9套方案，分9次反馈给诸城市随机抽取的50名乡镇政府和村干部以及50名村民，询问他们对该方案是否满意，并让他们在满意与不满意两种答案中选择一个答案。9种方案、9次调查的结果详见表5

表5　村干部和乡镇政府干部以及村民对补贴方案的态度

序号	补贴方案	村干部和乡镇政府满意率（%）	村民满意率（%）	满意率之和（%）
1	353	61	15	76
2	387	55	25	80
3	421	49	42	91
4	455	40	59	99
5	489	37	67	104
6	523	33	75	108
7	557	24	89	113
8	591	4	97	101
9	625	1	98	99

从表5可以看出，随着补贴水平的升高，村干部和乡镇政府满意率逐

步下降，而合村居民的满意率逐步上升。那么哪个方案是最合适的呢？从两者的满意率之和中可以看出，第7个方案满意率之和为113%，是满意率之和中的最高值。所以，我们应选择第7个方案，即每平方米给农民补贴费用的合理标准应为557元。

2. 宅基地置换补偿合理水平与当地楼房出售价格的对比

诸城市每平方米给农民补偿的费用的合理标准为557元，2010-2011年济宁市"合村并居"集中居住小区楼市价格平均为980元每平方米。由此可见，村民对宅基地换房每平方米补贴费用的合理标准是当地政府出售楼市平均价格的0.57倍。

附录三 邵庄寺社区和万紫园社区老年人归属感问卷调查

（一）老年人的基本信息

1. 您的年龄是多少？
2. 您的受教育年限是多少？
3. 以前是哪个村子的？
4. 以前的住房条件如何？
5. 身体情况怎么样？

（二）老年人的经济适应情况

6. 以前做什么工作，现在靠什么维持生活？
7. 收支平衡吗？
8. 现在还种地吗，土地的生产资料怎么放置？如果不种地，土地是怎么处理的？
9. 花销变多了吗？
10. 经济压力是变大了还是变小了？

（三）老年人的社会交往情况

11. 现在和谁一起住？
12. 子女多久来看望一次？
13. 以前的朋友还联系吗？变多了还是变少了？
14. 认识新的邻居或者朋友了吗？
15. 认识对门或者邻居吗？
16. 平常和新邻居们打招呼吗？如果不打，不打招呼是什么样的原因呢？

（四）老年人的自我认同

17. 喜欢农村还是小区的住所，为什么？
18. 和农村生活有什么不同？
19. 生活上适应吗？
20. 对这个社区有归属感吗？

21. 您觉得您现在是城里人还是农村人，和农村人或者和城里人的区别是什么？

22. 住进来之前以为会是什么样的生活，跟住进来之前想的有什么区别吗？

23. 您对当前所居住的小区满意吗？

24. 还愿意再住回以前的农居吗？

25. 您觉得您适合哪里的生活，或者在哪里生活让您感觉更有动力和被需要的感觉？

（五）老年人的精神适应情况

26. 搬进来前没事的时候喜欢做什么？搬进来后呢？

27. 以前平常去哪里消耗时间？现在呢？

28. 现在比之前开心吗？

29. 睡眠质量怎么样？